Arbeitsgemeinschaft
für
Jugendhilfe (Hrsg.)

Jugend und NEUE MEDIEN – Hilfe vor dem Bildschirm!?

Dokumentation des
AGJ-GESPRÄCHES
vom 6./7. Dezember 1983
im Wissenschaftszentrum Bonn

August 1984

Herausgeber und Verlag:
Arbeitsgemeinschaft für Jugendhilfe — AGJ —
Haager Weg 44, 5300 Bonn 1, Tel. 02 28 / 28 50 85—87

Herstellung:
city-druck *Leopold* bonn GmbH,
Postfach 1947, 5300 Bonn 1
1984 - ISBN 3 - 922975 - 09 - 7

Vorwort

Im Rahmen ihrer Diskussion um die Schwerpunkte ihrer Arbeit hat die Arbeitsgemeinschaft für Jugendhilfe ein neues Gesprächsforum ins Leben gerufen, das AGJ-GESPRÄCH. Mit der Einrichtung einer solchen Veranstaltungsreihe verfolgt der Vorstand der AGJ das Ziel, aktuelle gesellschaftspolitische Fragen und Probleme mit Vertretern aus Wissenschaft, Wirtschaft, Politik, Gewerkschaft, Sozialpolitik, sozialer Arbeit und Jugendhilfe zu diskutieren. Dabei soll dieses Gesprächsforum sowohl der Information und des gegenseitigen Austausches als auch der Herausarbeitung von Fragestellungen dienen, die bei der Gestaltung der praktischen Jugendhilfe zukünftig von Bedeutung sind.

Das erste AGJ-GESPRÄCH, durchgeführt am 6./ 7. Dezember 1983, hatte angesichts der Aktualität das Thema

„JUGEND UND NEUE MEDIEN — HILFE VOR DEM BILDSCHIRM!?"

Hierzu wurden Experten aus dem Bereich der Medienpolitik und Mediengestaltung sowie aus der Wissenschaft eingeladen, um über die mit der Weiterentwicklung im Medienbereich zentralen Probleme zu informieren.
Ergänzt wurde die Veranstaltung durch eine Diskussion mit Repräsentanten aus der Politik. In Form eines Abendgesprächs wurden unter Beteiligung von Vertretern der Fraktionen der CDU/ CSU und „der Grünen" in offener und sachlicher Atmosphäre Konsequenzen für politische Entscheidungen angesprochen.

Die Arbeitsgemeinschaft für Jugendhilfe möchte mit der vorliegenden Dokumentation über diese Veranstaltung informieren. Zu diesem Zweck werden die Fachreferate und die zentralen Teile der Diskussion wiedergegeben. Verzichtet wird auf eine Dokumentierung des Abendgesprächs, da dieses den Rahmen dieser Veröffentlichung sprengen würde.
Das erste AGJ-GESPRÄCH hat gezeigt, daß ein Bedarf für ein solches Gesprächsforum besteht. Daher wird die AGJ diese Veranstaltungsreihe fortsetzen.

Die Arbeitsgemeinschaft für Jugendhilfe möchte allen an dem ersten AGJ-GESPRÄCH beteiligten Referenten für ihre Unterstützung herzlich danken. Sie sind es, die durch ihre Arbeit der Veranstaltung wesentliche Impulse gegeben und die Dokumentierung ermöglicht haben.

Klaus Schäfer
Geschäftsführer.

Inhalt

Begrüßung
Dr. Dietrich Unger 6

Einführung in die Tagungsthematik
Dr. Reinald Eichholz 9

Neue Medien — Faszination einer neuen Technologie
— Bestandsaufnahme und Prognosen —
Dr. Hendrik Schmidt 12
Dr. Bernward Frank 21

Auszüge aus der folgenden Diskussion 24

Mediennutzung — Medienwirkung
— Ergebnisse der Medienforschung am Beispiel Fernsehen —
Dr. Bernward Frank 34

Rechtliche Regelungen angesichts problematischer Wirkungen
— Möglichkeiten und Grenzen —
Prof. Dr. Bernd Peter Lange 41
Prof. Dr. Hans D. Jarass 48

Kinder und Jugendliche vor dem Bildschirm
— Hilfen zum Umgang mit dem Medium —
Prof. Martin Furian 57

Auszüge aus der folgenden Diskussion 69

Kinderprogramm — Kindgerechtes Fernsehen?
— Medienerziehung durch das Fernsehen —
Prof. Dr. Klaus Schleicher 75

Neue Medien — Neue Pädagogik?
— Thesen über eine „andere" pädagogische Praxis —
Dr. Michaela Glöckler 89
Prof. Dr. Klaus Schleicher 94

Auszüge aus der folgenden Diskussion 103

Ausblick
Dr. Dietrich Unger 118

Anhang
Tagungsprogramm 120
Teilnehmerliste 122
Abkürzungsverzeichnis 124

Dr. Dietrich Unger:
Vorsitzender der AGJ

Begrüßung

„Medien besetzen unsere Köpfe und Herzen. Die Zeichen, Symbole und Botschaften, die sie aussenden, bestimmen unser Leben. Wer das Leben noch vor sich hat und wer noch was vor hat mit dem Leben, muß die Medien der Mächtigen unterlaufen, verändern, umnutzen, ersetzen."
Meine sehr verehrten Damen und Herren, im Namen des Vorstands der Arbeitsgemeinschaft für Jugendhilfe darf ich Sie ganz herzlich zu unserer Veranstaltung „*Jugend und Neue Medien — Hilfe vor dem Bildschirm!?*" begrüßen. Die eingangs von mir vorgestellten Sätze sind einem Reklametext des Rowohlt-Verlages entnommen, der damit für eine neue Veröffentlichungsreihe über Neue Medien wirbt.
Mit Hilfe von Medien sollen ihre Gefahren angezeigt, soll der Umgang mit ihnen gelernt werden — ein Paradoxon oder eine Notwendigkeit? Befinden wir uns inzwischen in einer Situation, wo Medien kanalisiert werden müssen; in der es zwingend geworden ist, den vernünftigen Umgang mit Medien zu erlernen, da selbst die Medien begonnen haben, sich zu bekämpfen? Als das grüne Licht für die Verkabelung gegeben, in einigen Regionen der Bundesrepublik Deutschland Kabelpilotprojekte eingerichtet und damit die Voraussetzung für die Entwicklung und Verbreitung der sogenannten Neuen Medien geschaffen wurden, zeigte sich zunehmend das öffentliche Interesse an den technischen Wundern, die unser Leben anreichern, den Alltag vereinfachen und neue Dimensionen im Arbeitsablauf — um nur einige Erwartungen zu nennen — ermöglichen sollen.
Inzwischen hat sich jedoch diese Euphorie in Widersprüchlichkeit gewandelt. Angstvolle Blicke in eine Zukunft einer *Welt am Draht* und innovationsfreudiger Optimismus bilden gleichermaßen die Grundlage für eine Faszination, die diese Entwicklungen — mehr oder weniger offen ausgesprochen — auf Gegner und Befürworter dieser Technologie ausübt. Neue Medien heißt die Zauberformel, die, ehe man überhaupt realisiert hat, was gemeint ist, bereits in vielen gesellschaftlichen Bereichen zum alltäglichen Inventar gehört. Wir können von unserem laienhaften Standort aus kaum noch überblicken, wie weit sich der Medienmarkt entwickelt hat, welche Trends sich weiter anzeigen oder was schon längst zum alten Eisen gehört. Eines ist jedoch deutlich geworden: Wir befinden uns in einem radikalen Prozeß der Veränderung unseres gesamten Kommunikationswesens und damit auch der bisherigen Interaktionsformen in gesellschaftlichen, politischen und wirtschaftlichen Bereichen. Die Ahnung von den umfassenden Veränderungen bringen mich als Laien in der Diskussion um Neue Medien in die schwierige Situation, nicht mehr beurteilen und bewerten zu können, welchen Sinn oder Unsinn diese Entwicklung für das Leben unserer und vor allem der nachfolgenden Generation hat. Wir, Vertreter der älteren Generation, können es meist nicht beurteilen, weil wir mit der neuen Technologie nicht umgehen können, ihre Prinzipien und Grundmuster noch nicht einmal verstanden haben. Kinder und Jugendliche dagegen haben den Zugang bereits spielerisch gefunden.

Doch was hat es zu bedeuten, wenn ein vierzehnjähriger Junge beginnt, seine Briefmarkensammlung mit Hilfe eines Heimcomputers zu katalogisieren, oder ein Programm entwickelt, mit dessen Hilfe er nach unterschiedlichen Faktoren Informationen über Spielfilme, die er einmal gesehen hat, abrufen kann? Deutet sich an diesen und ähnlichen Punkten ein Generationenkonflikt an, den wir bisher in dieser Qualität noch nie erlebt haben und dessen Ausmaße wir nicht absehen können?
Der *Umgang mit Computern* setzt bestimmte Denkstrukturen voraus. So werden z.B. Ganzheiten zerlegt und wieder neu zusammengesetzt. Bleibt jedoch damit das ursprüngliche Wesen eines Gegenstandes erhalten? Welche Wahrnehmungsleistungen sind notwendig für die Kommunikation mit dem Bildschirm? Der Bildschirm als Symbol und Mittler einer sich umfassend entwickelnden Medienlandschaft dient nicht mehr allein der Entspannung und Meinungsbildung. Er dringt immer mehr in unsere Köpfe und, wie eingangs erwähnt, in unsere Herzen ein, erzieht unsere Kinder und hat seine Funktion erweitert: als Arbeits-, Dienstleistungs-, Kommunikationsinstrument und als Spielzeug.
Ich möchte mit dieser skeptischen Betrachtungsweise nicht in einen allgemeinen Kulturpessimismus verfallen. Ich will darauf hinwirken, daß wir uns als Vertreter von Jugendhilfe mit den Neuen Medien offensiv auseinandersetzen. Das ist um so wichtiger, als Jugendhilfe in ihrem unmittelbaren Alltag Kinder und Jugendliche verstehen muß. Ohne zu wissen, was ihre Gedanken, Wünsche und Bedürfnisse jetzt und in Zukunft bestimmen wird, sind wir nicht in der Lage, sie umfassend unterstützen und fördern zu können. Es gibt eigentlich nur folgende Möglichkeiten, sich mit diesen Neuen Medien auseinanderzusetzen. Zum einen: Wir treten dieser Entwicklung radikal furchtsam entgegen und müssen uns den Vorwurf einer mittelalterlichen Bilderstürmerei oder Maschinenstürmerei am Anfang der Neuzeit gefallen lassen; oder andererseits: Wir stimmen mit dieser Technologie resigniert überein und müssen in Kauf nehmen, daß die negativen Auswirkungen nicht mehr aufzuhalten sind; oder schließlich zum Dritten: Wir lernen, uns mit diesen Neuen Medien aktiv auseinanderzusetzen.
Es geht weder, daß wir die Neuen Medien verteufeln, noch daß wir unkritisch mit einem Fortschrittsglauben einhergehen. Unser Bestreben soll dahin gehen, daß wir uns informieren, Denkstrukturen kennenlernen, die für das Verstehen dieser Technologie die Voraussetzungen bilden, und diskutieren, welche Möglichkeiten diese Neuen Medien für eine vernünftige Gestaltung von Gesellschaft und Leben beinhalten können.
Neue Medien sind Gegenstand des ersten Jugendhilfe übergreifenden Themas, dem sich die AGJ zuwendet. Weil wir nicht die Augen vor Entwicklungen verschließen können, die für die Zukunft junger Menschen bestimmend sind, müssen wir uns Kenntnisse aus anderen gesellschaftlichen Bereichen wie Wissenschaft, Politik und Wirtschaft aneignen. Da die Jugendhilfe keine Insel im gesellschaftlichen Leben bilden soll, ist eine Auseinandersetzung mit sogenannten fachfremden Fragen unabdingbar. Aus dieser Intention heraus hat der Vorstand der Arbeitsgemeinschaft für Jugendhilfe entschieden, eine neue Veranstaltungsreihe, das AGJ-GESPRÄCH, in ihren Aufgabenkatalog mit hineinzunehmen. Dies geschah mit dem Anliegen, einen Rahmen zu schaffen, in dem über die Auseinandersetzung mit eigenen Strukturen und Bedingungen der Jugendhilfe hinaus die Möglichkeit besteht, jeweils Fragen der Jugendpolitik in ihren sozialen,

ökonomischen und — wie in diesem Fall — kulturellen Hintergründen am Beispiel eines jeweilig aktuellen Themas zu diskutieren. Dieses erste AGJ-GESPRÄCH ist von daher ein Experiment für eine andere, für uns neue Form des fachlichen Erfahrungsaustausches. Wir möchten damit zum einen dazu beitragen, die internen Meinungsbildungen anzuregen, zum anderen einen Austausch mit anderen gesellschaftlichen Bereichen zu ermöglichen. Über den üblichen Expertenkreis hinaus haben wir von daher versucht, Fachleute aus der Wissenschaft, des Fernsehens, der Kirchen, aus Dienstleistungsbetrieben wie der Bundespost, aus der Politik zu gewinnen, die sich bereit erklärt haben, mit uns als Vertreter von Jugendhilfe zu diskutieren. Anders als bei einer Fachveranstaltung beabsichtigen wir, das Thema Neue Medien nicht mit umfangreichen Referaten zu erörtern, sondern als Gespräch mit den Referenten und untereinander. Wir erwarten keinen Austausch von Positionen und Statements, sondern würden es begrüßen, wenn wir gewissermaßen unvorbelastet miteinander ins Gespräch kommen könnten. Wir hoffen, damit einen wechselseitigen, lebhaften Austausch zu erreichen. In einem weiteren Schritt, so haben wir uns vorgenommen, werden wir die Ergebnisse dieser Veranstaltung einem breiten Interessentenkreis zur Verfügung stellen sowie die hiermit begonnene Auseinandersetzung mit dem Thema Neue Medien im Rahmen unserer fachlichen Arbeit weiterführen.

Ich möchte mich an dieser Stelle ganz herzlich bedanken bei Frau Rudzinski, Herrn Borsche, Herrn Dr. Eichholz und Herrn Schmidt, die als Mitglieder der AGJ-Kommission Neue Medien dieses erste AGJ-GESPRÄCH vorbereitet haben. Ich hoffe, daß es uns an diesen beiden Tagen gelingen wird, von- und miteinander zu lernen und Wege zu einer gemeinsamen Perspektive zu finden.

Dr. Reinald Eichholz:

Einführung in die Tagungsthematik

Erst kürzlich ist das Ergebnis einer wissenschaftlichen Untersuchung veröffentlicht worden, das aussagt: Fernsehen — das alte Fernsehen — gehört zu unserer Alltagserfahrung. Dem im Leben stehenden Bürger geht es hier wie mit manchen Aussagen der Wissenschaft: Wir wußten es schon.
Im täglichen Leben ist nicht nur ständig zu erfahren, welche Bedeutung das Fernsehen für Familien und insbesondere für Kinder hat; der tägliche Umgang mit dem Medium hat auch längst erwiesen, welche zweischneidigen Erfahrungen hier gemacht werden. Auf der einen Seite zieht niemand in Zweifel, welch große Bedeutung das Fernsehen — wie Medien überhaupt — in einer freiheitlichen Demokratie haben. Auf der anderen Seite jedoch kennt jeder das Gefühl, dem Medium mehr Zeit und Aufmerksamkeit zu gönnen, als man *eigentlich* will. Jeder kennt das schlechte Gewissen, wenn man am Ende eines Abends feststellt, die Zeit wieder totgeschlagen zu haben.
Das spiegelt sich auch in gewissen Rechtfertigungen wider, die wir vor uns selbst aufbauen, wenn wir der *Tätigkeit Fernsehen* nachgehen. Wir sind jederzeit in der Lage, uns gute Gründe einzureden, warum gerade diese Sendung für uns wichtig ist, und dennoch wissen wir sehr genau, daß wir selbst uns diese guten Gründe *nur halb glauben.*
Schließlich erkennt man diese Situation auch in der augenblicklichen Mediendebatte wieder: Interessanterweise wird immer wieder der hohe Wert von Nachrichten, Information und Bildung betont, obwohl wir alle wissen, daß im täglichen Leben der Unterhaltungswert des Fernsehens desjenige ist, worum es geht.
Auch die Probleme mit Kindern sind als Praxiserfahrung längst im allgemeinen Bewußtsein. Das Fernsehen ist ein wichtiger Erziehungsfaktor, und schon heute stehen viele Eltern *mit dem Rücken an der Wand,* wenn es darum geht, welche Sendungen Kinder sehen dürfen.
Bei alledem zeichnet sich bereits heute ab, daß diese Alltagsprobleme nur der Beginn einer schwierigen Entwicklung sein werden. Die Videoproblematik, aber auch die massiven Veränderungen von Arbeitsplätzen durch die Geschäftskommunikation — alles was als *3. industrielle Revolution* zusammengefaßt wird — läßt erkennen, daß das Thema Fernsehen nur ein Ausschnitt aus einer komplexen Gesamtentwicklung ist. Bei alledem kann man sich noch die rasante Geschwindigkeit dieser Entwicklung klarmachen. Bereits 1984 wird es den ersten Fernsehsatelliten geben, und seit langem ist die Post im Untergrund tätig und verkabelt.
Dies alles sind Alltagserfahrungen und Perspektiven, die wir im Grunde bereits längst durchschaut haben, auch wenn wir erst im Laufe der Zeit von der Wissenschaft nachgeliefert bekommen, wie dies alles aus wissenschaftlicher Sicht zu beurteilen ist.
Faßt man diese Aspekte zusammen, muß man den Eindruck gewinnen, daß im Grunde zu diesem Thema nicht nur bereits alles Wesentliche gewußt wird, sondern auch, daß alles Wesentliche bereits *gelaufen* ist. Es mag daher fragwürdig

erscheinen, wenn die AGJ erst in diesem Zeitpunkt zu einer Fachtagung zu diesem Thema einlädt.
Der Schein trügt jedoch: Auch wenn bereits viele politische Vorentscheidungen gefallen sind, wird der enorme Kostenaufwand, den die Weiterführung der Medienentwicklung verschlingen wird, immer wieder neue Investitionsentscheidungen verlangen, die freilich desto schwieriger werden, je mehr in diese Entwicklung bereits investiert worden ist. Insofern wird es immer wieder neuen politischen Handlungsbedarf geben.
Vor allem im *rechtlichen Bereich* ist auch noch vieles offen. Es liegt zwar eine Anzahl von Mediengesetzentwürfen vor, die Diskussion ist jedoch noch in vollem Gange; verabschiedet ist bisher nichts.
In der laufenden Diskussion treffen vielfältige politische Interessen aufeinander. Insbesondere wirtschaftliche und arbeitsmarktpolitische Interessen stehen im Vordergrund.
Gerade die im Alltagsleben bereits deutlich wahrnehmbaren Auswirkungen des alten Mediums Fernsehen müssen jedoch zu der Frage führen, ob nicht die Jugendhilfe in dieser Diskussion sehr viel stärker mitreden müßte, denn gerade in der Jugendhilfe werden negative Auswirkungen sichtbar. Sie gerät allzu leicht — wie dies in der Geschichte der Jugendhilfe immer wieder der Fall gewesen ist — in die Situation, statt frühzeitig mitzugestalten, hinterher nur als *Reparaturbetrieb* eingetretene Schäden auszugleichen. Ein sinnvolles Jugendhilfe-politisches Konzept kann dies nicht sein. Die Jugendhilfe muß sich vielmehr in die Lage versetzen, an der politischen Diskussion aktiv mitzuwirken.
Bei einer derartigen Aufgabenstellung kann sich die Jugendhilfe allerdings nicht damit begnügen, zunächst eine *besinnliche* Bestandsaufnahme herbeizuführen und im Sinne persönlicher Fortbildung zu nehmen, wie die medienpolitische Situation z.Z. aussieht. Gerade wenn die Jugendhilfe in die Gefahr gerät, der tatsächlichen Entwicklung nachzulaufen, muß um so entschiedener darum gerungen werden, in kürzester Frist konkrete Handlungsansätze für die Teilnahme an der medienpolitischen Diskussion zu entwickeln.
Die AGJ hat die Tagung daher so ausgerichtet, daß sie nicht bei einer Augenblicksbetrachtung stehen bleibt, sondern konkrete Ergebnisse angezielt werden. Das konnte sich freilich nur auf einen Ausschnitt der Gesamtproblematik beziehen. Es steht außer Zweifel, daß andere medienpolitische Probleme, insbesondere *Video*, ebenfalls der Diskussion bedürfen. Man müßte jedoch um die Ergebnisse einer Tagung fürchten, wenn versucht würde, das Thema bereits im ersten Anlauf in voller Breite anzugehen. Insofern wurde darauf hingearbeitet, die entscheidenden Fragen an unseren Erfahrungen, die wir bereits mit dem *alten* Fernsehen haben, zu entwickeln.
Der zweite Tag der Tagung soll dies auf medienpädagogischem Gebiet verfolgen. Nicht nur im Ablauf der Tagung, sondern auch in der politischen Diskussion sollte dem jedoch vorgelagert werden, wie die rechtlichen Bedingungen aussehen sollen, unter denen Fernsehen künftig überhaupt veranstaltet werden soll. Der erste Tag der Tagung ist daher der Problematik rechtlicher Regelungen gewidmet, wie sie für den Bereich der Gesetzgebung wichtig werden. Zunächst soll versucht werden, den augenblicklichen Stand wissenschaftlicher Erkenntnisse unter einem bestimmten Aspekt darzustellen: Ähnlich wie bei unseren Alltagserfahrungen läßt sich nämlich in der wissenschaftlichen Diskussion erkennen, daß

trotz heftigen Streits über Einzelprobleme doch wesentliche Grundaussagen über die Medienwirkung und Mediennutzung nicht mehr umstritten sind. Diese Ergebnisse werden in der politischen Diskussion häufig nicht zur Kenntnis genommen. Es kann daher als Aufgabe der AGJ angesehen werden, diesen Wissensstand in die Diskussion einzubringen und klarzumachen, daß die Grundlagen für politisches Handeln längst gegeben sind, eine Vertagung Jugendhilfepolitischer Probleme mit Hinweis auf angeblichen weiteren Forschungsbedarf daher nicht zulässig ist.

Auf der damit gelegten Grundlage soll dann versucht werden, rechtliche Gesichtspunkte zu erarbeiten, mit denen ein ausreichender Schutz vor Gefährdungen gewährleistet werden kann.

Diesen Erörterungen haben wir im Tagungsprogramm eine *praktische Vorführung* * vorgelagert. Sie betrifft zwar mit der Darstellung von Bildschirmtext einen Medienbereich, der inhaltlich dann nicht weiter verfolgt werden soll; es geht aber auch nur darum, an diesem Medium die ganze Faszination zu erleben, die die heute möglichen technischen Entwicklungen auf uns ausüben. Auf diese Weise läßt sich sicher verhindern, daß unsere Veranstaltung allzu akademisch wird.

Dasselbe sollte auf die Abendveranstaltung zutreffen. Hier wollen wir mit Vertretern der politischen Parteien ins Gespräch kommen, um auszuloten, wie wir auf längere Sicht Einflußnahmen der Jugendhilfe einschätzen können.

* Anmerkung: Diese Vorführung zum Thema ,,Vorführung und Information zum Stand der neuen Kommunikationssysteme" durch das Fernmeldeamt Bonn kann aufgrund fehlender Wiedergabemöglichkeiten in dieser Dokumentation nicht dargestellt werden.

Dr. Hendrik Schmidt:

Neue Medien
— Faszination einer neuen Technologie
— Bestandsaufnahme und Prognosen —

Ich beginne damit, Ihnen kurz darzulegen, was ich unter neuen Kommunikationstechniken oder den sogenannten Neuen Medien verstehe. Daran werde ich, da die Szene ständig in Bewegung ist und die medienpolitische Situation sich fast täglich verändert, eine Momentaufnahme des gegenwärtigen Standes der technischen Entwicklung und der medienpolitischen Situation anschließen, damit Sie ungefähr einschätzen können, wie es zur Zeit aussieht und was auf uns zukommen könnte. Am Ende will ich versuchen, thesenartig zu skizzieren, wie sich diese neuen Techniken im einzelnen auswirken könnten.

Dabei muß ich vorausschicken, daß wir natürlich auf diesem Feld mit sehr vielen, zwar plausiblen, aber doch Prognosen arbeiten müssen, da wir die Entwicklung im einzelnen noch nicht so genau vorhersagen können. Zwar hat die Medienforschung in der letzten Zeit eine Reihe von Ergebnissen zutage gefördert. Aufgrund der *amerikanischen Kommunikationsforschung,* die streckenweise weiter entwickelt ist als unsere Medienforschung, haben wir außerdem einen derzeit relativ hohen Wissensstand erreicht und können aufgrund international vergleichender Analysen — vor allem durch den Blick auf solche Länder, die bereits Kabelfernsehen oder ansatzweise Satellitenfernsehen haben — einiges sagen. Aber wie es sich im einzelnen entwickeln wird, ist vielfach natürlich noch Spekulation. Es bedarf großer Phantasie, um beschreiben zu können, was auf uns zukommen könnte, und um vor allem — und dies ist ja dann sicherlich auch der Sinn der Tagung — Strategien und Verhaltensformen zu entwickeln, Gegenmaßnahmen zu finden, die vielleicht das, was wir befürchten, auch verhindern.

Wir sprechen also in der Regel von *Neuen Medien, Neuen Kommunikationstechniken.* Dazu werden gewöhnlich in der aktuellen Diskussion die Satellitentechnik, der Kabelrundfunk, die verschiedenen Formen der elektronischen Textübertragung — wie Videotext, Bildschirmtext und Kabeltext — gezählt. Schließlich werden auch genannt: Neue Übertragungsmöglichkeiten im Hörfunkbereich, speziell neue Frequenzen (im UKW-Bereich zwischen 100 bis 108 Megahertz) und die sogenannten individuellen Speicher (Medien, Kassette, Bildplatten). Dies wird allgemein unter dem Oberbegriff Neue Medien zusammengefaßt. Dabei handelt es sich jedoch — und darauf sollte man sehr achten — nicht immer um Neue Medien im eigentlichen Sinne. Es handelt sich in der Regel dabei eher um neuartige Verteilformen, und zwar *neue Verteilformen* von Fernseh- oder Hörfunkprogrammen. Ich fasse unter Neuen Medien im engeren Sinne vor allem die elektronischen Textkommunikationssysteme zusammen — nämlich Videotext, Bildschirmtext und Kabeltext. Diese sind die eigentlich neuen, weil es sich dabei tatsächlich um *neuartige Produktionsformen* handelt und/oder weil bislang getrennte technische Bereiche zusammenrücken, wie z.B. bei den Printmedien, wo das gedruckte Wort und die elektronische Vermittlung sowie Kommunikation z.T. gar nicht mehr voneinander unterschieden werden können. Um es deutlicher zu sagen: Wenn es künftig möglich wird, technisch etwa eine Zeitung zu Hause am Terminal auszudrucken, also sozusagen elektronisch zu vermitteln, dann überlappen sich bislang getrennte technische Bereiche. Oder die Übertragung von Schriftzeichen auf den Bildschirm zeigt, daß bislang unterschiedliche Produktionsformen bzw. Angebotsformen aufgehoben sind und ineinander übergehen. Insofern würde ich dies als den Kernbereich der Neuen Medien betrachten. Alles andere sind nichts weiter als technische Weiterentwicklungen, wie gesagt: neue Verteiltechniken.

Was ist nun das Besondere an diesen neuen Kommunikationstechniken oder Neuen Medien? Bedeutung gewinnen sie vor allem dadurch — und dies führt mitten ins Zentrum der aktuellen medienpolitischen Diskussion und zeigt auch die Brisanz —, daß sie erstens eine *Programmvermehrung* möglich machen. Sie muß nicht zwangsläufig kommen, aber sie wird durch größere, bereits vorhandene technische Kapazitäten ermöglicht. Zweiter Punkt: Es können *neue Angebotsträger* hinzukommen. Diese neuen Veranstalter und Programmanbieter werden sich von den herkömmlichen öffentlich-rechtlichen Rundfunkanstalten, die bislang bei uns in der Bundesrepublik Fernsehen und Hörfunk betreiben, unterscheiden. Drittens — das betrifft jetzt vor allem den Fernsehbereich — ist es denkbar und absehbar, daß die *Massenkommunikationsformen* völlig *anders genutzt* werden. Und viertens — vor allem bezogen auf die Kassetten und Bildplatten — wird es möglich, einige *Massenkommunikationsformen* sehr viel *stärker individuell zu nutzen,* also unabhängig von der zeitlichen Planung der Angebotsträger zu handhaben. Dadurch, daß ich mir selber eine Kassette oder Bildplatte zu dem von mir gewünschten Zeitpunkt auflegen kann, werde ich unabhängiger von den vorgegebenen Programmstrukturen und zeitlichen Dispositionen der Programmanbieter. Nicht zu vernachlässigen ist auch noch der weitere Bereich der sogenannten individuellen Kommunikationstechniken, die vor allem *Auswirkungen auf den Arbeitsmarkt* haben werden, so daß erhebliche Folgen für die Arbeitsplatzgestaltung und Rationalisierung erwartet werden müssen.

Lassen Sie mich jetzt zurückkommen zu den Fragen, wie es im einzelnen mit den Kommunikationstechniken aussieht und wie weit der Stand der Diskussion vorangeschritten ist.

Satelliten gibt es, technisch gesehen, in verschiedenartigen Formen. Das Neue daran ist, daß sowohl Hörfunk als auch Fernsehen über Satelliten künftig anders verteilt werden als bislang. Unsere Rundfunkversorgung, Hörfunk und Fernsehen, erfolgt im Moment überwiegend durch die Luft und über erdgebundene Sendesysteme. Das Neue des Satelliten ist, daß damit künftig Fernseh- und Hörfunksignale aus dem Weltraum empfangen werden können.

Hierbei unterscheidet man zwischen zwei verschiedenartigen Formen von Satelliten. Auf dem Markt sind bereits *Nachrichtensatelliten,* die etwa für den Telefonverkehr oder zur Überspielung von Beiträgen aus dem Ausland von Rundfunkveranstaltern genutzt werden. Als technische Neuentwicklung kündigen sich die *direkt abstrahlenden Rundfunksatelliten* an. Nachrichtensatelliten werden bislang überwiegend in der Nachrichtenübertragung eingesetzt. Es zeichnet sich jedoch immer stärker eine Entwicklung ab, sie auch für Rundfunkzwecke zu nutzen. Als Problem wird im Moment jedoch noch gesehen, daß der technische Aufwand sehr viel größer als bei den sogenannten direkt abstrahlenden Rundfunksatelliten ist, weil man z.B. bedeutend größere Antennen braucht, um die

Signale überhaupt empfangen zu können. Einen direkt abstrahlenden Rundfunksatelliten wird es nach der bisherigen Planung in der Bundesrepublik ab 1985 geben: Die *Bundesrepublik Deutschland und Frankreich planen* seit etwa 1 1/2 Jahren, *einen gemeinsamen Rundfunksatelliten* in den Weltraum zu schicken, um in einer Versuchsphase bis 1985 zu erproben, wie dieser direkt abstrahlende Rundfunksatellit mit Fernseh- und Hörfunkprogrammen belegt werden kann. Die Kapazität dieser Satelliten umfaßt 3 Fernsehkanäle und bis zu 16 Hörfunkkanäle.

Die bisherige Planung hat sich durch den Wechsel in der Bundesregierung und durch das besondere medienpolitische Engagement unseres Postministers jedoch stark verändert. So werden nun von 1984 bis 1987, nach der Planung der Post, insgesamt 17 Satellitenkanäle in verschiedenen Systemen zur Verfügung gestellt:

— Ab 1984 2 Kanäle in einem Nachrichtensatelliten ECS (European communications satellite) der europäischen Raumfahrtbehörde,

— ab 1985 wird es den direkt abstrahlenden Rundfunksatelliten geben, von dem ich eben schon gesprochen habe,

— weiterhin soll es einen sogenannten Nachrichtensatelliten mit 6 Kanälen geben und

— 1987 will die Post noch einen eigenen Nachrichtensatelliten hochschicken, der auch für Rundfunkzwecke genutzt werden kann.

Diese Kapazitäten werden also rein technisch zur Verfügung stehen. Die Entwicklungen dazu haben sich alle erst im Laufe dieses Jahres ergeben und sind zum Teil weder von den Medienpolitikern noch von den Technikern in dieser Form, in dieser Dramatik, die dahintersteckt, gesehen worden.

Die Frage, die sich daraus ableitet, heißt: *Wie sollen alle diese Satelliten genutzt werden?* Wer soll das Programm machen? Wer sind die Anbieter? Ganz abgesehen davon: Besteht überhaupt ein Bedarf für diese vielen Programme?

Meine persönliche Einschätzung ist, daß wir eigentlich in der Bundesrepublik keine Satelliten brauchen. Nachrichtensatelliten bzw. Rundfunksatelliten sind *sinnvoll für großflächige Länder* oder *Länder mit besonderen topographischen Gegebenheiten*, wo es schwierig ist, eine Vollversorgung zu erreichen. Dies kann man über den Satelliten sehr viel einfacher gestalten. Dadurch wird man von einem Interessenten-Zwischensendernetz unabhängig. Aufgrund der *nahezu vollständigen Versorgung der Bundesrepublik Deutschland* — der Rest könnte in Teilgebieten in der Tat durch Verkabelung abgedeckt werden — ist der *Einsatz von Satelliten* für die Rundfunkübertragung aus rein technischen Gründen *nicht erforderlich*. Dahinter steht durchaus ein nie verschwiegenes ökonomisches Interesse, nämlich Satelliten hierzulande zu erproben, um sie vor allem für die Ausfuhr in Länder der Dritten Welt exportfähig zu machen. Für die Bundesrepublik Deutschland gibt es also meiner Meinung nach keinen Bedarf, und, wenn ich das richtig sehe, sind auch die Rundfunkanstalten in Verlegenheit. Sie haben zwar das Satellitenprogramm entwickelt und angeboten, könnten jedoch genauso gut darauf verzichten.

Wer soll also die 17 Kanäle des Satelliten nutzen? Regelungen des Rundfunk- und Fernsehbereichs liegen in der Kompetenz der Bundesländer. Von daher herrscht im Moment eine sehr dramatische Diskussion unter den Ministerpräsidenten der Länder, die nun darüber entscheiden müssen, nach welchem Konzept die Kanäle aufgeteilt werden sollen. Parallel dazu ist eine zunehmende Anspannung und

Hektik unter den privaten Interessenten festzustellen, an diesem vermeintlichen Geschäft beteiligt zu werden.
In der Diskussion sind mehrere Modelle. Entweder werden die Kanäle zwischen den SPD-Ländern und den CDU-Ländern nach dem Verhältnis ihrer politischen Verteilung oder zu gleichen Teilen (50:50) vergeben, so daß die Länder jeweils entscheiden können, wer eine Lizenz für einen Satelliten bekommt.
Die Brisanz der Sache liegt darin, daß hier eine Möglichkeit gesehen wird, *private Investoren* zu benachteiligen. Angemeldet haben sich schon zur Nutzung dieses etwa ab 1984 zur Verfügung stehenden *ECS-Kanals* die Zeitungsverleger und eine Gesellschaft aus Frankfurt, die vor allem einen Zusammenschluß der Raiffeisen-und Volksbanken ist, die sogenannte *Projektgesellschaft für Kabel- und Satellitenrundfunk* (PKS). Diese privaten Unternehmen haben bereits ein Konsortium gegründet (130 Verlage und Zeitungswerber, Großverlage und diese Frankfurter Gesellschaft) und erklärt, ein Vollprogramm auf einem Kanal dieses ECS-Satelliten auszustrahlen. In der Diskussion um die Nutzung des ECS-Satelliten geht es vor allem um *zwei* seiner *Ausstrahlungsbereiche.* Während der eine Kanal, der sogenannte *Westbeam,* überwiegend über *Westeuropa* ausstrahlt, versorgt der zweite Kanal, der *Ostbeam,* Teile der *Bundesrepublik* und *Osteuropas.*
Das Problem besteht nun darin, daß die unionsregierten Länder die Position vertreten, der Westbeam solle vor allem von privaten Anbietern genutzt werden. Demgegenüber argumentieren die SPD-regierten Länder, der attraktive West-Kanal sei entweder *nur* öffentlich-rechtlich zu nutzen oder privat *und* öffentlich-rechtlich. Das ZDF hat ein spezielles Interesse am sogenannten Ostbeam angemeldet, um dort seine Programme in das *Berliner Kabel-Pilotprojekt* einzuspeisen. Das ist im Moment der Stand der Diskussion in der Satellitenfrage. Hinzuzufügen ist noch, daß damit auch Hoffnungen verbunden sind, die sich auf die Attraktivität oder auch einen schnellen Gewinn des Satellitenprogramms beziehen. Hervorgehoben werden muß auch — und dies ist auch wieder eine technische Frage —, daß die Nutzung dieses ab 1984 zur Verfügung stehenden ECS-Satelliten abhängig ist vom Grad der Verkabelung in der Bundesrepublik. Man braucht für den Empfang dieser Satellitensignale Antennenspiegel, die zwischen 3 und 5 Meter Durchmesser haben. Außerdem sind diese Empfangsanlagen enorm teuer. Sie kosten 100 000 bis 150 000 DM und sind somit für den Privatempfang weder aus technischen noch aus finanziellen Gründen sinnvoll. Attraktiv wird die Satellitentechnik für den Privatempfang allenfalls, wenn die Bundesrepublik einen bestimmten Grad der Verkabelung erreicht hat und die Satellitensignale über Kopfstationen in diese Kabelnetze eingespeist werden können. Erst dann können die entsprechenden Anschlußdichten und Reichweiten erzielt werden. Da dies auf keinen Fall im nächsten Jahr zum Sendebeginn erreicht worden sein wird, wird es für Programmanbieter ein Zusatzgeschäft werden — voraussichtlich über Jahre hinaus. Die Programmanbieter geben es zu. Warum wollen sie sich dennoch am Satellitenrundfunk beteiligen? Weil darin die Möglichkeit gesehen wird, tatsächlich in die vorhandene Rundfunkstruktur einzubrechen?
Bislang werden Hörfunk- und Fernsehsignale durch die Luft empfangen. Beim *Kabelrundfunk* erfolgt die Übertragung direkt über Kabel in die einzelnen Haushalte. Und wie ist hier der Stand der Diskussion?
Wir müssen einmal rein technisch zwischen herkömmlichen *Kupferkoaxial- und Glasfaserkabeln* unterscheiden. Darin verbirgt sich ein erheblicher medienpolitischer, auch technologiepolitischer Streit. Bislang wurde in der Bundesrepublik

vor allem in den sogenannten Abschattungsgebieten verkabelt, jedoch nicht zur Vermehrung von Programmen. Die Politik der Bundesregierung und der Bundespost während der sozialliberalen Koalition zielte darauf, aus technischen Gründen zu verkabeln, und nicht, um mehr Programme zu ermöglichen oder neue Anbieter zu gewinnen. Und dies wurde vor allem mit sogenannten Kupferkabeln getan, die eigentlich nicht mehr leisten, als daß sie Rundfunksignale übertragen. In den letzten Jahren hat man aber zunehmend die sogenannte Glasfaser entwickelt, also die lichtgebundene Übertragung von Nachrichtensignalen. Die Glasfaser unterscheidet sich von den herkömmlichen Kabeln — Kupferkabeln — dadurch, daß sie erstens sehr viel dünner und zweitens, daß ihre Kapazität sehr viel größer ist. Mit ihr wäre es möglich, wenn wir in der Bundesrepublik ein Glasfasersystem hätten (dies könnte jedoch bei aller Förderung, auch wenn man jetzt beginnen würde, nicht vor dem Jahre 2000 der Fall sein), alle Formen der technischen Individualkommunikation — also Datenübertragung, Telefonieren — und alle Formen der Massenkommunikation — also Hörfunk und Fernsehen — über ein integriertes einheitliches Glasfasernetz zu übertragen.

An dieser Stelle nun entsteht die Kontroverse etwa zwischen den unionsregierten Ländern und den SPD-regierten Ländern bzw. auch zwischen der ehemaligen und der jetzigen Bundesregierung. Die Bundesregierung unter Helmut Schmidt hatte folgende Politik verfolgt: Ausbau der sogenannten technischen Individualkommunikation und in diesem Bereich eine starke Förderung des Glasfasernetzes, aber Zurückhaltung gegenüber dem Ausbau der Massenkommunikation und der damit verbundenen Entwicklung der Kupfernetze. Dies wurde einmal medienpolitisch begründet, zum anderen technologiepolitisch. Die jetzige Bundesregierung hat nun, vor allem aufgrund des besonderen Engagements ihres Postministers, die herkömmliche Kupferverkabelung massiv verstärkt. Die jährlichen Investitionen wurden von 350 000 auf eine Milliarde DM hochgeschraubt. Mehr Geld ist aus öffentlichen Mitteln kaum einsetzbar. Diese Summe reicht immer noch nicht aus, um die Bundesrepublik schnell voll zu verkabeln. Wir haben im Moment einen Verkabelungsgrad von zwei Prozent, so daß also — will man möglichst schnell eine große Verkabelungsdichte erreichen — hier zusätzlich auch privates Kapital gereizt werden muß, um Teile der Verkabelungskosten bzw. -netze zu übernehmen. Und dies wird vor allem auch aus medienpolitischen Gründen gemacht. Das Kupferkabel ist eigentlich nur im Moment interessant, weil es sehr schnell — schneller als die Glasfaser — die Vermehrung von Rundfunkprogrammen sowie neue Angebotsträger zuläßt. Wäre man in der bisherigen Form verfahren — moderater Ausbau des Kupferkabels nur in Abschattungsgebieten, Forcierung der Glasfaser —, hätte es bedeutet (dies wäre aber auch nicht vor 1985/86, vor allem mit Blick auf die Glasfasertechnik, die noch nicht ganz ausgereift ist, möglich), daß die potentiellen Programmanbieter, die also jetzt sehr schnell in das Mediengeschäft einsteigen wollen, noch länger hätten warten müssen.

Ich hoffe, die medienpolitischen Kontroversen oder Differenzen zwischen den Parteien hiermit deutlich gemacht zu haben. Nach langen Jahren der Diskussion — dies ist auch noch wichtig beim Kabelrundfunk zu sagen — werden wir *vom 1. 1. 1984 an* mit *Kabelpilotprojekten* beginnen. Die Kabelpilotprojekte sind 1976 von der damaligen Kommission für den Ausbau des Kommunikationssystems, die noch von Bundespostminister Ehmke einberufen wurde, vorgeschlagen worden. Die Idee dieser Kommission war es damals, Versuchsprojekte mit den neuen

Kabelkommunikationssystemen einzuführen, weil man sich noch nicht dazu entschließen konnte, eindeutiger den Ausbau eines sogenannten breitbandigen Kabelnetzes in der Bundesrepublik zu empfehlen, da kein akuter Bedarf mehr für Rundfunkprogramme erkennbar war. So entstand der *Vorschlag, Versuchsprojekte zu entwickeln,*
a) um zu testen, ob überhaupt ein Bedarf für diese Technik besteht. Dahinter stand die Überlegung — dies muß man sich historisch noch einmal vergegenwärtigen —, die Einführung einer neuen Technologie von ihrer *Erprobung* abhängig zu machen;
b) um frühzeitig die Folgen einer neuen Technologie, vor allem die *sozialpolitischen Folgen*, einschätzen zu können, und
c) um die Entscheidung über eine *Vermehrung von Rundfunkprogrammen* ebenfalls von dem Ausgang dieser Versuche abhängig zu machen.
Wir haben *heute* eine *gänzlich veränderte technische* und *medienpolitische Situation*. Es hat Jahre gedauert, ehe sich die Länder über die Durchführung dieser Versuche einigten. Zunächst ging es um die Standorte, dann um die Finanzierung. 1978 hat man sich auf die Standorte Berlin, München, Dortmund und Ludwigshafen geeinigt, in denen nun diese Versuche stattfinden sollen, und erst im vergangenen Jahr ist man über die Finanzierung dieser Projekte übereingekommen. Seit Mitte dieses Jahres werden im Rahmen des allgemeinen Gebühreneinzugs zwei sogenannte Kabelgroschen beim Rundfunkempfänger, bei den Hörern und Zuschauern, erhoben, um damit den Betrieb der Kabelpilotprojekte und die wissenschaftliche Begleitforschung zu finanzieren.
Der Stand ist nun also der, daß ab *Januar 1984* das am weitesten fortgeschrittene, das *rheinland-pfälzische Kabelpilotprojekt in Ludwigshafen*, mit einer Programmausstrahlung beginnen wird. Danach wird aller Voraussicht nach das *Kabelprojekt in München (wahrscheinlich im April 1984)* folgen. Die beiden *Projekte in Dortmund* und *in Berlin* werden aller Voraussicht nach *nicht vor Ende 1984 bzw. Frühjahr 1985* beginnen.
In Berlin hat man sich sehr lange Zeit gelassen. Erst in der letzten Woche ist ein neuer Referentenentwurf für ein Kabelgesetz vorgelegt worden, der vor allem die Überprüfung der sogenannten individuellen Formen der Kommunikation vorsieht.
Zwei Projekte werden also 1984 beginnen, die beiden anderen 1985. Durch die veränderte technische und medienpolitische Entwicklung haben diese Kabelpilotprojekte jedoch nicht mehr den Stellenwert, den sie ursprünglich nach den Vorstellungen der KtK (Kommission für den Ausbau des technischen Kommunikationssystems) hatten. *Denn wie sieht die Situation, bezogen auf a) und b), heute aus?* Zum ersten Punkt: Die Entscheidung für die Einführung der neuen Techniken ist bereits während der Regierungszeit von Helmut Schmidt gefallen, nämlich die Glasfaserentwicklung erst einmal zu unterstützen. Diese Politik wird unter der jetzigen Bundesregierung fortgesetzt, zusätzlich mit dem medienpolitischen Akzent versehen, den Kupferausbau zunächst zu fördern. Wie weit dies dazu führt, daß möglicherweise die Glasfaser später nicht so — wie geplant — ausgebaut werden kann, weil die Ressourcen nicht vorhanden sind, ist jedoch eine ganz andere Frage, auf die ich nicht eingehen will. *Es muß gesehen werden, daß die Entscheidung für die Einführung neuer Tele-Kommunikationstechniken gefallen ist.* Der Ausgang der Versuche spielt für die Entscheidung also keine

Rolle mehr. Die Versuche müssen völlig unabhängig davon betrachtet werden. Zum zweiten Punkt: Auch die Frage nach der Einführung zusätzlicher Fernseh- und Hörfunkprogramme wird heute nicht mehr vom Ausgang dieser Versuche abhängig gemacht. In einzelnen Ländern, ich nenne jetzt Baden-Württemberg, Niedersachsen, Schleswig-Holstein, demnächst wahrscheinlich auch in Hamburg, liegen bereits *Mediengesetzentwürfe* vor bzw. sind geplant oder sollen demnächst vorgelegt werden, die alle vorsehen, weitere Rundfunkprogramme, weitere Angebotsträger zuzulassen. Wie weit diese Regelungen immer mit den Grundlagen unserer Verfassung, insbesondere mit dem dritten Fernsehurteil vom Juni 1982, in Einklang zu bringen sind, ist eine andere Frage. Ich habe da große Zweifel. Meine These lautet: Vor einem weiteren Karlsruher Urteil werden wir auch kein privates Programm in der Bundesrepublik haben. Aber man muß sehen, daß die Entscheidung in den Ländern für mehr Rundfunkprogramme unabhängig von den herkömmlichen öffentlich-rechtlichen gefallen ist. Auch dies wird also nicht mehr vom Ausgang der Versuche abhängig gemacht.

Ein dritter Punkt kommt entscheidend hinzu: *Der letzte Konsens,* den es unter den Bundesländern bislang immer noch gab (s. Beschluß der Ministerpräsidenten über die Einführung von Kabelpilotprojekten), nämlich die *gemeinsame Rundfunkstruktur* als ein wertvolles Gut bis zum Abschluß der Kabelpilotprojekte 1987/1988 nicht mehr zu verändern, besteht nicht mehr. Zwar hatte man sich noch ein wenig rabulistisch gewunden, indem man z.B. sagte, das Landesmediengesetz in Baden-Württemberg sei nur ein Diskussionsbeitrag, der noch nicht ins Parlament eingebracht und insofern noch nicht realisiert würde. Oder man verwies auf die Bedingung, daß eine 50%ige Verkabelung des Landes gewährleistet sein müsse (eine sehr hohe technische Hürde), so daß der Ausbau des Kabelnetzes noch eine längere Weile dauern werde. Der entscheidende Bruch wurde dann aber in der Sitzung der Ministerpräsidenten am 19. Mai 1983 deutlich, wo erklärtermaßen festgestellt wurde, daß es unter den Ländern *keinen Konsens mehr* über eine einheitliche Rundfunkstruktur gebe. Das heißt nun, jedes Land kann tendenziell seine eigene Rundfunkpolitik machen. Es wird zwar jetzt wieder der Versuch unternommen, ein gemeinsames Satellitennutzungskonzept zu entwickeln. Es ist aber bereits eine Entwicklung eingetreten, die nur *wegführt von dem,* was wir bisher einen *kooperativen Rundfunkföderalismus* genannt haben, hin *zu* einer *rundfunkpolitischen Kleinstaaterei.* Die Kabelpilotprojekte finden also zu völlig veränderten Bedingungen statt und haben allenfalls den noch sehr eingeschränkten Sinn, daß diese Technologien so sozial verträglich wie möglich eingeführt und entsprechende Begleitmaßnahmen vor allem in pädagogischer Hinsicht ergriffen werden können, um die schlimmsten Auswirkungen für den einzelnen, die Kinder, die Familie, zu verhindern. Auch können durch Pilotprojekte wahrscheinlich einige Lücken in der Forschung, die bislang vorhanden sind, geschlossen werden. Aber dies hat lediglich einen begrenzten Stellenwert. Wir befinden uns heute nicht mehr in der Situation, die wir uns vielleicht einmal erhofft haben, nämlich, daß wir die Einführung einer neuen Technologie vorher abschätzen und dann ihre Einführung planen könnten — oder auch nicht planen könnten, wie es sinnvoll und sozial verträglich gewesen wäre. Jetzt können allenfalls noch Korrekturen und Modifikationen vorhergesehen und vorgenommen werden.

Wie sich die *elektronischen Textkommunikationssysteme* (Videotext, Bildschirmtext, Kabeltext) voneinander technisch unterscheiden, ist wahrscheinlich

heute vormittag durch die Bundespost erläutert worden, so daß ich jetzt nicht mehr darauf eingehen möchte.
Erster Punkt: Der *Videotext* wird bereits von den Rundfunkanstalten angeboten. Es gibt in Berlin eine gemeinsame Redaktion von ARD und ZDF, die täglich ein Videotextprogramm ausstrahlt, das man mit einem Zusatzgerät empfangen kann. Im Moment beschränkt sich das Programmangebot überwiegend auf Zusatzerläuterungen zu den Programmen bzw. auf Untertitelungen von ausländischen Programmen oder Angebote für Hörgeschädigte.
Zweiter Punkt: Die Einführung von *Bildschirmtext* ist bundesweit beschlossen. Es gab zwei Modellversuche in Berlin und Düsseldorf. Dazu wurde auch eine Begleitforschung durchgeführt, die einige interessante Ergebnisse gebracht hat. So hatte man bisher z.B. immer befürchtet, daß etwa durch die Nutzung von Bildschirmtext herkömmliche Formen von Massenkommunikationen, also Hörfunknutzung, Fernsehnutzung oder auch die Nutzung von Print-Medien, leiden würden. Dies scheint nach den ersten Ergebnissen nicht der Fall zu sein. Es findet also keine Substituierung im Nutzungsfall an dieser Stelle statt. Und es hat sich auch gezeigt — und das finde ich als Journalist eigentlich ganz erfreulich —, daß der Bildschirmtext journalistisch-publizistisch höchst interessant ist. Allenfalls — und darin sehe ich die Zukunft des Bildschirmtextes — wird er im Anzeigenwesen seine Erfolge haben oder vor allem im Dienstleistungsbereich. Im Anzeigenwesen ist er vor allem eine Gefahr für die Zeitungen, und er wird mit Sicherheit im Dienstleistungsbereich Auswirkungen zeigen. Hier entstehen möglicherweise erhebliche Rationalisierungsfolgen im Banken- und Bibliothekswesen. Hier kann künftig, wenn Bildschirmtext immer mehr angeboten und genutzt wird und man sein Konto zu Hause am Terminal abrufen kann, menschliche Arbeitskraft eingespart werden.
Dritter Punkt: *Der Kabeltext* ist ebenfalls eine Form der elektronischen Textübertragung und unterscheidet sich von den beiden anderen nur dadurch, daß er über Kabel übertragen wird. Bildschirmtext wird über die Telefonleitung übertragen und Videotext durch die Luft, also sehr stark an die herkömmlichen Signale gebunden. Meiner Ansicht nach ist der Kabeltext, was die Möglichkeit der Bildauflösung und Schriftform angeht, auf Dauer am attraktivsten, wenn die entsprechenden Endgeräte auf dem Markt sind. Aber dies wird wahrscheinlich noch einige Zeit dauern.
Vierter Punkt: *Neue Frequenzen im UKW-Bereich* zählen zu den Neuen Medien, obwohl sie eine traditionelle Angebotsform sind. Aber man sollte sie zumindest medienpolitisch mitbedenken, da auch hier neue Angebotsträger möglich werden. Der Bereich 100 bis 108 Megahertz, der bislang vor allem für Rote-Kreuz-Dienste und Dienstleistungsunternehmen genutzt wurde, soll aufgrund der Beschlüsse der *Genfer Wellenkonferenz* ab 1985 auch für Rundfunkzwecke genutzt werden können. Es stellen sich dann natürlich die Fragen, wer diese Wellenfrequenz bekommen soll und was hier angeboten werden soll. Auch dies ist eine medienpolitische Frage. Ich vermute, daß es wahrscheinlich — wenn, vorsichtig ausgedrückt, verfassungsrechtlich alles geklärt ist — vielleicht ab 1985 etwa in Niedersachsen und Schleswig-Holstein schon zusätzlich Hörfunkprogramme geben könnte. Das ist jedenfalls die erklärte Absicht der niedersächsischen Landesregierung, zunächst mit privatem Hörfunk auf diesen Frequenzen zu beginnen.
Fünfter Punkt: Durch die *individuellen Speichermedien* (Kassette und Bildplat-

te) wird vor allem eine *Individualisierung der Kommunikation möglich* und eine ständige Ausweitung des Marktes vorangetrieben. Lassen Sie mich nur noch abschließend in Thesenform ganz kurz sagen, wie ich die Folgen sehe.
Ich sage:
1. Die Neuen Medien haben Folgen für den organisatorisch-institutionellen Bereich, d.h. für die herkömmlichen Medien, und haben Auswirkungen auf das Verhalten der Medien untereinander.
2. Es ergeben sich Folgen für das Angebot, für das Programm und die Produktionsformen, insbesondere auch für den Arbeitsprozeß der Journalisten, der sich dadurch verändern wird.
3. Es können sich erhebliche Folgen für das Nutzungsverhalten im Hinblick auf die Wirkungen bei den einzelnen Rezipienten ergeben.

Dr. Bernward Frank:

Neue Medien
— Faszination einer neuen Technologie
— *Bestandsaufnahme und Prognosen* —

Zunächst möchte ich einige kurze Anmerkungen zur möglichen Entwicklung der Angebote machen. Davor noch einige Sätze zur Ausgangslage: Medien oder neue Technologien treffen auf ein Publikum, das im Grunde — überspitzt gesagt — kein Interesse an mehr Programmen hat. Alle Untersuchungen, so sehr sie sich in den einzelnen Werten auch unterscheiden mögen, deuten an, daß die Zuschauer heute an anderen Tätigkeiten mehr Interesse zeigen als vor zehn/fünfzehn Jahren. Dies belegt vor allem die wichtigste Studie auf diesem Gebiet, die *Vergleichstudie Massenkommunikation,* die mit gleichem Fragebogen und gleicher Befragtenzahl durchgeführt wurde 1964, 1970, 1974 und 1980. Danach haben die Menschen heute mehr Interesse an geselligen Aktivitäten, an sozialen Aktivitäten etc. Das ist ganz eindeutig eine Abkehr von den Massenmedien und betrifft nicht allein das Fernsehen. Die Zeitungen und der Hörfunk, vor allem aber auch die Zeitungen, haben beträchtliche Verluste zu registrieren. Meine Ausgangsthese ist also: Die Neuen Medien treffen auf ein Publikum, das relativ *wenig Interesse an einer Programmvermehrung* zeigt. Ich komme später noch auf die naheliegende Frage: Warum dann aber der Erfolg von Video? Wenn man die Zuschauer fragt, ob sie Interesse an neuen, an mehr Programmen haben, dann schält sich so etwa ein Kern von knapp einem Drittel Interessierter heraus, die auch dann noch ein Interesse bekunden, wenn man sie darauf aufmerksam macht, daß die Neuen Medien auch Geld kosten. Nur wenn man ganz vage fragt, erscheint das Potential von Interessierten größer, aber auch dies ist begrenzt, denn welcher Befragte gibt schon gerne in einer Befragung zu, daß er gerne zwölf, fünfzehn oder vierzig Kanäle hätte. Er dokumentiert ja damit seine Fernsehabhängigkeit. Die Einstellung zum Fernsehen war aber von Anfang an ambivalent. Man hatte und hat gleichzeitig das Gefühl, man ist an die Welt angeschlossen, man sieht sehr viel Schönes und Unterhaltsames, aber gleichzeitig hatte und hat man auch das Gefühl, auch in den Zeiten, als das Fernsehen noch ein faszinierendes Medium war, man könnte seine Zeit anders verbringen, Sinnvolleres tun.

Dennoch möchte ich für die Zukunft in Übereinstimmung z.B. mit den *Prognosen der Firma Prognos, Basel,* prognostizieren, daß sich — wenn diese Neuen Medien da sein werden — das Potential auch erweitern wird. Wenn erst einmal *weitere Angebote* da sind, seien es öffentlich-rechtliche, seien es private, wird das Publikum auch *mehr Interesse* zeigen. Die jetzigen Umfragen sind also mit einem gewissen Vorbehalt zu nehmen, und es ist vielleicht nützlich, einmal kurz einen Blick auf ein Land zu tun, das schon sehr viel weiter in der Entwicklung ist als wir, ich meine Italien. In Italien haben wir derzeit rund 600 private Sender, die sich aber schon wieder in einem Konzentrationsprozeß befinden; die drei größeren Sender haben allein schon 20% dieser Privatsender in der Hand. Aber dieser Konzentrationsprozeß interessiert hier weniger, wichtiger ist, daß diese privaten Anbieter ein ganz anderes Programm anbieten als das dortige staatliche Fernse-

hen, die RAI. Bei allen Privatstationen zusammengenommen machen die Programmteile Film, Serie, Unterhaltung, Quiz und Show insgesamt 80% des Programmangebots aus, allein 70% die Filme und Serien. Diesen 70% stehen für diesen Programmbereich 10% bei der RAI gegenüber. Auf der anderen Seite: Bei der RAI nimmt die Information 38% des Programms ein, bei den Privaten 9%. Beim Bildungsprogramm ist die Relation 17% bei der RAI, 2% bei den Privaten. Das Resümee: Es hat in Italien eine *radikale Verschiebung in der Programmischung* gegeben, und das darf man auch bei uns erwarten, wenn private Fernsehanbieter auftreten. Wenn man sich das Programmschema der PKS im Kabelpilotprojekt Ludwigshafen anschaut, dann unterscheidet es sich nur dadurch an den Werktagen von den Wochenendtagen, daß werktags nur *ein* Spielfilm und *eine* Serie und am Wochenende zwei Spielfilme und zwei Serien angeboten werden. Dazwischen sind Werbung und die FAZ-Nachrichtenblöcke von zehn Minuten eingestreut. Ich glaube allerdings, daß sich im weiteren Vollzug der Entwicklung später Differenzierungen einstellen werden, daß man in Richtung Zielgruppenprogramme gehen wird. Allerdings Programme für solche Zielgruppen, die für die Werbung interessant sind. Wenn man also z.B. an Kanäle für die Zielgruppe Jugend denkt, dann wird man sicherlich die Programme so gestalten, daß die Zielgruppe Jugend auch für die angebotenen Werbebotschaften Interesse zeigt.
Nun zum *Zuschauerverhalten:* Wir haben jahrelang geglaubt, daß wir davon ausgehen könnten, das Zeitbudget für Fernsehen sei im Grunde eng begrenzt. Das haben wir deshalb angenommen, weil zumindest in Europa die tägliche Nutzungsdauer bei ca. 2 Stunden lag und sich seit Jahren nicht verändert hat. Der Blick auf Italien zeigt, daß man dies zumindest teilweise revidieren muß. Immer dann, wenn neue massenattraktive Angebote in Sendezeiten fallen, in denen diese Angebote bisher üblicherweise nicht angeboten worden sind, kommt es zu einer Steigerung der Sehdauer. In Italien bieten die privaten Stationen nach 22.00 Uhr bekanntlich attraktive Spielfilme, die von der RAI nicht angeboten werden, also z.B. erotische Filme, an. Die Folge: Die Gesamtzuschauerschaft zwischen 22.00 Uhr und 23.30 Uhr ist in Italien von 12.9 Millionen Sehern auf 16,8 Millionen Seher gestiegen. Wenig verändert hat sich dagegen in der Hauptsendezeit; das Zuschauerpotential zwischen 20.00 und 22.00 Uhr ist bisher schon von den bestehenden Systemen ausreichend bedient worden.
Ein letzter Aspekt zu der Programmvermehrung: Im Grunde genommen könnte man das Thema auch diskutieren unter der Überschrift *Nationale Fernsehkultur gegen internationalen Fernsehmarkt.* Ich möchte hier aus einem Artikel der Zeitschrift *Media Perspektiven* zitieren, in der die belgische Fernsehforscherin Claude Geerts nach einer Analyse des Fernsehangebots und des Fernsehverhaltens für die Länder Belgien, Bulgarien, Kanada, Frankreich, Ungarn, Italien und Japan zu folgendem Ergebnis kommt: „Die *amerikanische Invasion* ist vor allem *im Unterhaltungsbereich* zu spüren, Serien, Spielfilme und Fernsehfilme. In einem bestimmten Umfang kann dieser Rückgriff auf Produkte des internationalen Marktes eine Bereicherung darstellen, eine Erweiterung des Weltblickes, der Lebensform und der kulturellen Vielfalt. Dennoch sind die Risiken offenkundig. Die Zirkulation ist sehr unausgewogen, wenn nicht gar nur eine Einbahnstraße. Die internationale Verwertung von Fernsehproduktion ist ein Faktor, der zur Vereinfachung der Codes und Konventionen von Fiction-Programmen für das Fernsehen führt. Die Realität gerät in Gefahr, dadurch simplifiziert zu wer-

den, daß sie hier nur noch in Archetypen übersetzt wird, Strukturen von Persönlichkeiten sich zu Stereotypen verfestigen. Auf diese Weise gelangt man zu einer weltweiten verständlichen, aber armen Sprache mit klaren Zeichen, leicht lesbar, leicht zu interpretieren und von einem Ende des Planeten bis zum anderen für jedermann decodierbar. Das kulturelle Problem ist offensichtlich."

Abschließend noch einige wenige Bemerkungen zum Thema *Video:* Die Entwicklung geht nicht ganz so schnell wie prognostiziert voran, aber dennoch mit beträchtlichem Tempo. Wir haben Anfang 1983 knapp 9% Videorecorder in Haushalten der Bundesrepublik registriert, Ende 1983 dürften es vielleicht 10 bis 12% sein, Ende 1984 eventuell 15%. Wichtig ist, daß der Videorecorder *primär* eingesetzt wird *zum zeitversetzten Fernsehen.* Der durchschnittliche Haushalt besitzt derzeit 13 Leerkassetten für die Aufzeichnung der Programme von ARD, ZDF und der Dritten Programme, die er sich auch tatsächlich anschaut. Die Angaben zu den gekauften oder den geliehenen Kassetten sind dagegen bisher empirisch nicht abgesichert. Es gibt Studien, nach denen es pro Haushalt eine Kassette, andere Studien, nach denen es acht geliehene/gekaufte Kassetten gibt. Erkennbar ist bei den Produzenten von Leih- oder Kaufkassetten, daß sie im Grunde eine Doppelstrategie verfolgen. Einerseits setzen sie das Angebot im Spielfilmbereich fort, das im Fernsehen Erfolg hat — also Krimi, Komödien und dergleichen. Andererseits bieten sie Spielfilme der Gattungen Erotik, Porno, Horror, Krieg etc. an, die im Fernsehen nicht angeboten werden.

Bei der Nutzung zeichnet sich ab, daß der Videorecorder ziemlich intensiv eingesetzt wird. Jeder zweite Haushalt zeichnet an einem durchschnittlichen Werktag ein Programm auf. Am Samstag und Sonntag sind es sogar drei von vier Haushalten. Gesehen werden die Kassetten interessanterweise an allen Tagen, vor allem aber an Samstag und Sonntag, am Sonntag insbesondere in den Vormittags- und Mittagsstunden. Man kann sozusagen die Schemata des ARD- und ZDF-Programms nehmen und sagen: Haben ARD und/oder ZDF attraktive Angebote, findet keine Videorecordernutzung statt. Wenn in beiden Systemen keine attraktiven Programme angeboten werden, wie z.B. an Sonntagnachmittagen oder -vormittagen, wird der Videorecorder genutzt.

Wenn man die Zeit für die Nutzung der Videorecorder erfaßt, so deutet sich an, daß Video die Zeit für Fernsehen inkl. Video erhöht: 124 Minuten Fernsehen pro Tag plus 36 Minuten Videonutzung, davon rund die Hälfte zeitversetztes Fernsehen und Konsum geliehener und gekaufter Kassetten. Das addiert sich auf 160 Minuten, d.h. *rund 25% mehr* Zeit wird auf *Fernsehen in den Video-Haushalten* verwendet.

Zum Thema Video abschließend die beiden wichtigsten Ergebnisse:
1. Video steigert den Zeitaufwand für die Nutzung des Fernsehens.
2. Video engt die Vielfalt der angebotenen Programme ein, da rund 60% der aufgezeichneten Programme Spielfilme sind. Damit verringert sich die Chance, andere Programme, z.B. kulturelle oder politische Dokumentationen, zu sehen.

Auszüge aus der folgenden Diskussion

Adolf Nadrowski:

Ich spreche für die christlich-demokratische Postgewerkschaft, bin also beruflich auch am Medium, vor allem dem Thema Verkabelung, interessiert. Meine Aussagen betreffen die oft geäußerte Meinung — die auch Herr Dr. Schmidt vertritt, wenn ich ihn vorhin richtig verstanden habe —, daß es zusätzlicher Kanäle, wie Satellitenkanäle, nicht bedürfe.

Eine zweite Bemerkung will ich zu der Ansicht machen, daß die Tendenz, auf die Glasfaser zu warten, wünschenswert wäre.

Punkt eins: Wir können in der Bundesrepublik bei unserer derzeitigen Struktur — rein technisch gesehen — englisches Fernsehen oder dergleichen absolut nicht mehr bewältigen; es sei denn in Kabelnetzen. Wir müssen also, um die gesamte Bevölkerung in den Genuß von mehr Programmen kommen zu lassen, die Bundesrepublik komplett oder zumindest in weiten Bereichen verkabeln, denn mit der bisherigen Abstrahlung haben wir diese Möglichkeit nicht. Insofern ist also auch ein Satellit durchaus sinnvoll, um noch ein, zwei oder drei Programme zusätzlich zu verbreiten oder um nur das, was schon Übereinkunft der Ministerpräsidenten der Länder ist, zu verbreiten, nämlich die dritten Programme bundesweit. Dazu braucht man also schon wenigstens fünf, sechs zusätzliche Kanäle. Damit hätte man also schon einen Teil der 17 Satellitenkanäle belegt; hinzu kämen noch die deutschsprachigen Auslandsprogramme. Dabei habe ich noch nicht einen einzigen Privatsenderkanal berücksichtigt.

Die Möglichkeit, die vorhandenen öffentlich-rechtlichen Fernsehprogramme bundesweit auszustrahlen, steht also erst zur Verfügung, wenn wir zumindest Satellitenkanäle haben, die sie an jeden Punkt der Bundesrepublik bringen, um sie ins örtliche Netz einzuspeisen.

Punkt zwei: Glasfaser. Sie sagten so schön, es sei sinnvoll, darauf zu warten. Ich habe am letzten Samstag an einem Expertengespräch mit Fachleuten teilgenommen, die die Glasfaser entwickeln und entsprechende Projekte betreiben. Die Glasfaser selbst mag zwar produktionsreif sein, aber nur die nackte Faser. Um eine Faser hier in einem Netz unterzubringen und sie u.a. auch für die Übermittlung von Rundfunk- und Fernsehprogrammen zu nutzen, braucht man eine Verteilfunktion, denn man kann auf der Glasfaser nicht wie auf den bisherigen Kupferkabeln bis zu 30 Programme unterbringen, sondern nur 4, und dazu muß man entsprechend auswählen. Aber die Verteiltechnik dazu steht zur Zeit und auch in absehbarer Zeit noch nicht zur Verfügung. Es lohnt sich nicht, darauf zu warten, denn dann könnte man zehn Jahre zunächst einmal gar nichts tun.

Und damit komme ich auf den dritten Punkt: Zehn Jahre gar nichts tun. Was würde das bedeuten? Schauen wir ins Ausland, und zwar nicht nur nach Amerika, nicht nur in die fernen Länder. Wir finden die Technikanwendung in Luxemburg, Belgien und überall; sie kommt von vielen Seiten auf uns zu. Und insofern können wir als exportabhängiges Land eigentlich nicht warten, bis wir vom Ausland überrollt werden; Sie betonten es schon bei den Satelliten: Wir brauchen sie, um sie zu exportieren. Das gleiche brauchen wir auch bei der Kabelverteiltechnik — und auch da müssen wir der deutschen Industrie ein bißchen unter die Arme greifen, um exportfähig zu sein, um eigene Produkte zu entwickeln. Und da können wir die Kanäle dann auch erst wieder nutzen, wenn wir Kupfernetze haben, um die — nehmen wir mal die öffentlich-rechtlichen — Programme, die zur Verfügung stehen, zu verteilen. Und erst in Kombination mit Satelliten für die Einspeisung in die örtlichen Netze bringt das Ganze ja einen Sinn. Sobald man also irgendein Glied in dieser Kette fallen läßt, kann man das Ganze vergessen. Das würde bedeuten, man macht zehn Jahre lang die Augen zu, wartet, bis die Glasfaser soweit ist und fängt vor 1990 nicht an zu verkabeln. Erfahrungsgemäß dauert es mindestens 30 Jahre, bis die Bundesrepublik versorgt ist. Bis dahin wird das passieren, was vorhin schon bei Herrn Dr. Frank anklang: Der Videokonsum wird ganz erheblich ansteigen, und damit ist eigentlich jegliche Kontrolle über die Fernseh- und Videonutzung passé.

Dr. Hendrik Schmidt:

Lassen Sie mich meine Ausführungen zur Glasfasertechnologie insoweit ergänzen, als ich mich nicht auf jeden Fall für den Ausbau der Glasfaser ausspreche. Dazu ist der Sachverhalt zu vielschichtig. Die Glasfaser birgt auch eine ganze Menge an Problemen, gerade im arbeitsmarktpolitischen Bereich. Deshalb gilt es auch, Zwischenformen des Netzausbaus zu diskutieren; es muß nicht unbedingt gleich die Glasfaser sein.

Wenn Sie mich jetzt nach meiner persönlichen Meinung fragen, neige ich schon eher zu der Position, zu prüfen, ob nicht aus Gründen der Technologiepolitik und der internationalen Wettbewerbsfähigkeit sehr viel mehr dafür spricht, alle zur Verfügung stehenden Ressourcen in den Ausbau der Glasfaser zu stecken, um nicht mit einer im Grunde genommen technisch überholten Technologie den Ausbau einer überholten Technologie zu beginnen und damit letztendlich Ressourcen zu verschleudern, die uns nachher nicht mehr zur Verfügung stehen. Ich werde in dieser Position auch bestätigt durch verschiedene Aussagen der nachrichtentechnischen Industrie, etwa SEL, die genau dies beklagen. Ich bezweifle im technisch-ökonomischen Sinne, daß heute diese Investitionen in der Bundesrepublik für den Ausbau des Kupfernetzes sinnvoll und notwendig sind. Ich zweifle auch aus gesellschaftspolitischer Sicht die Investitionen in die Verkabelung an, weil ich nicht den dringenden Bedarf an mehr Programmen sehe. Auch laufen wir Gefahr — und sind meiner Ansicht nach viel zu wenig darauf vorbereitet —, daß unsere Medienordnung/Medienlandschaft in einem Maße umstrukturiert wird, dem wir bislang gar nicht Herr werden können. Ein letzter Punkt: Sie meinten, Glasfaser sei erst in zehn Jahren einsatzreif. Ich habe andere Informationen: Im Grunde genommen kann man ab 1985/1986 damit beginnen.

Prof. Dr. Bernd Peter Lange:

Ich möchte zu der Frage, was die Fakten angeht, noch eines beitragen. Es geht doch darum, daß wir über die Technologien unter den Gesichtspunkten „Was kann man damit machen, für welche Nutzungen sind sie geeignet?" diskutieren. Der wesentliche Punkt scheint mir, daß die Koaxialkabel, die jetzt verlegt werden, vorrangig für die Verteilung von Fernsehprogrammen eingesetzt werden. Das, was über Glasfaser diskutiert wird, geht sehr viel weiter; da geht es letztlich um das Bildfernsprechen, die Individualkommunikation, die geschäftliche Kommunikation und auch die Verteilung von Fernsehprogrammen. Aber auch das

25

steht nicht im Vordergrund. Insofern sollten wir ganz deutlich machen, um welche Nutzung es eigentlich geht. Die Verkabelung, die jetzt läuft, steht unter dem Gesichtspunkt, mehr Fernsehprogramme zu verteilen — mit Ausbaumöglichkeiten. Aber das Hauptziel ist, mehr Fernsehprogramme auch in Verbindung mit dem Satellitenfernsehen zu verteilen, so wie das hier schon dargestellt worden ist.
Glasfaser läuft auf integrierte Netze hinaus, die für die geschäftliche Kommunikation und für die breitbandige Individualkommunikation — Bildfernsprechen — eingesetzt werden kann.

Dr. Bernd Jürgen Müller:

Ich möchte einmal nachfragen, ob es wirklich so ist, daß man diese beiden Dinge, die Verkabelung im herkömmlichen Sinne und die Glasfaserverkabelung, völlig voneinander trennen muß. Ich frage mich manchmal, ob den Leuten etwas Gutes getan werden soll, wenn gesagt wird, es bestehe ein kaum meßbarer Bedarf an weiteren Fernsehprogrammen.
Ich sehe Neue Medien auch unter dem Gesichtspunkt der Möglichkeiten zur Arbeitsplatzvernichtung und zur Kontrolle. Die Frage lautet für mich deshalb: Gibt es, auch wenn das vielleicht technisch nicht so ohne weiteres einleuchtend erscheint, nicht vielleicht bestimmte Zusammenhänge, d.h. unter dem Vorwand, mehr Unterhaltung, mehr Information zu bieten, eigentlich neue Techniken einzuführen, die ganz andere Auswirkungen haben. Ich kann mir vorstellen, daß der Öffentlichkeit kaum verständlich gemacht werden kann, daß man Milliarden ausgibt, Arbeitsplätze vernichtet, diesen Weg aber geht, um Teilbereiche akzeptabel zu machen und hinterher bekannt werdende Folgen dann als notwendig oder nicht mehr abwendbar darstellt. Dies wäre dann so ähnlich wie mit dem Computerspielzeug, bei dem ich auch das Gefühl habe, daß die Propagierung nicht dazu dient, unsere „lieben Kleinen" phantasiereicher zu machen, sondern an bestimmte Dinge zu gewöhnen, die sehr wenig mit Spiel zu tun haben, aber mit ihrer späteren Einsetzbarkeit im Arbeitsleben.

Prof. Dr. Bernd Peter Lange:

Mit Ihrer Eingangsbemerkung haben Sie recht: Von der Kommission für den Ausbau des technischen Kommunikationssystems ist festgestellt worden, daß praktisch kein Bedarf nach zusätzlichen Rundfunkprogrammen vorhanden ist. Wir haben damals nur festgestellt, daß ein Wunsch nach größerer Individualisierung der Nutzung gegeben ist. Dafür brauchen wir aber nicht die gesamte Verkabelung.
Welche Gründe gibt es denn für die Verkabelung? Ein Aspekt ist schon genannt worden. Es ist die Exportfähigkeit solcher Technologien. Heute reicht es unter wirtschaftspolitischen Aspekten nicht aus, nur Hardware zu entwickeln und zu sagen: Ich habe hier einen Computer, den ich verkaufen will. Diesen Computer wird keiner kaufen, sondern es wird ein anwendungsreifes System, in das der Computer integriert ist, gekauft. D.h. Pilotprojekte haben auch die Funktion, anwendungsreife Systeme in der Bundesrepublik zu entwickeln, die dann auch für den Export geeignet sind. Das ist ein entscheidender Aspekt. Daraus folgt, daß die Trennung, die wir bisher haben — nämlich hier die Medienpolitik und dort die Wirtschaftspolitik — aufgehoben werden muß. Wir haben bisher in der

Bundesrepublik eine Diskussion über Medienwirkungen auf der einen Seite und in jüngster Zeit über die Auswirkungen neuer Technologien — z.B. auf den Arbeitsmarkt und die Arbeitsplätze — auf der anderen Seite geführt. Dies ist mit dem Begriff Wirkungsforschung belegt worden, bezieht sich aber auf die gesellschaftlichen Auswirkungen, also nicht nur die Auswirkungen auf die einzelnen Rezipienten, sondern die gesellschaftlichen Auswirkungen auf wirtschaftlichem Gebiet. Bei der Einführung dieser Neuen Medien spielen beide Aspekte eine entscheidende Rolle. Der wirtschaftliche Aspekt — die Modernisierung der Volkswirtschaft und der geschäftlichen Kommunikation, die Erhaltung der Konkurrenzfähigkeit der anwendenden Unternehmen — wird wie folgt diskutiert: Wir brauchen die Modernisierung der geschäftlichen Kommunikation, um die Kosten in diesem Bereich zu senken und um von dort aus die Industrie konkurrenzfähig zu erhalten. Unter medienpolitischem Aspekt wird gesagt: Es muß mehr Programme geben, um die Auswahlmöglichkeiten für den mündigen Bürger zu erhöhen. Beide Aspekte werden in der öffentlichen Diskussion gekoppelt, um den Druck zur Einführung dieser Medien zu erhöhen. Insofern — glaube ich — ist es verkürzt, wenn man nur unter medienpolitischen Aspekten über diese Fragen diskutiert. Man muß auch die gesamten wirtschaftspolitischen Fragen mit einbeziehen. Vielleicht darf ich da noch anknüpfen, daß uns bei der Begleitforschung zum Pilotprojekt Düsseldorf/Neuss klargeworden ist, daß im Grunde die Frage nach den Auswirkungen von Bildschirmtext das uninteressantere Feld ist. Weil man dort selber Seiten auswählen muß und weil Bildschirmtext Einzelkosten verursacht, infolgedessen sich jeder bemühen wird, die Nutzung zeitlich zu begrenzen, sind die Auswirkungen auf die Familien, auf die Kinder — wie im Pilotprojekt vorgeführt — relativ harmlos. Ein Forschungsergebnis war, daß das Rationalisierungspotential (im Handel, im Versandhandel, in der Touristikbranche) sehr groß ist, wenn dieses Medium weit genutzt werden sollte, so daß man mittel- bis langfristig mit einer negativen Arbeitsmarktbilanz rechnen muß. Das ist die arbeitsmarkt- und die wirtschaftspolitische Flanke, die meiner Meinung nach sehr viel brisanter und sehr viel weiter offen ist, als die Frage „Was bedeutet Bildschirmtext eigentlich medienpolitisch?". Ich will damit nicht sagen, daß man da nicht weiterdiskutieren muß, wenn man Medienpolitik sehr weit auffaßt und z.B. den Datenschutz mit einbezieht. Datenschutz — das ist heute sichtbar geworden — ist ein ganz spezifisches Problem, welches schon bei Bildschirmtext stellt, welches sich aber sicher auch beim Kabelfernsehen usw. stellt.
Ich glaube, daß man wirtschaftspolitisch nicht sagen kann: „Wir stoppen die weitere Entwicklung, es wird überhaupt nichts mehr produziert oder nichts mehr verkauft in diesem Bereich." Auf der anderen Seite muß man aber auch sehen, daß die weitere Anwendung der Informations- und Kommunikationstechniken wahrscheinlich negative Auswirkungen auf den Arbeitsmarkt haben wird. Es muß dann um flankierende Maßnahmen gehen, um eine sozialverträgliche Ausgestaltung der Entwicklung.

Dr. Rudolf Mayer:
Ich beziehe mich auf die Bemerkung, daß die Fakten das eine seien, worum wir uns bemühen, aber daß das andere Problem die richtige Plazierung und Interpretation der Fakten darstellen. Dazu will ich auf drei Probleme hinweisen, die die Infragestellung der Wirkungsforschung ausmachen, welche wir uns hier gegen-

seitig vorführen. Es gibt sozusagen ein methodisches und ein grundsätzliches Problem. Es läßt sich an der Frage nach dem Bedarf demonstrieren: Wenn ich mit Mitteln der Meinungsbefragung Bedarf erhebe, komme ich zu Äußerungen, wie wir sie vorhin hörten. Wenn ich jedoch versuche, mit qualitativen Methoden an die Fragen heranzugehen, bekomme ich ganz andere Ergebnisse. Je nachdem, wer sie für welchen Kontext gebraucht, kann sie entsprechend interpretiert nutzen. Dahinter steht etwas, das man in der politikwissenschaftlichen Diskussion auch ein bißchen feststellen kann, nämlich, daß wir ständig schwanken zwischen der Angst vor Manipulation und der großen Forderung nach Aufklärung.

Ein weiteres Beispiel — ein inhaltliches — soll die Schwierigkeit der Interpretation von Veränderungen verdeutlichen: Herr Dr. Schmidt hat — für mich sehr interessant — uns unter dem Gesichtspunkt einer auf Medientechnik bezogenen Analyse darauf hingewiesen, daß sich im Bereich der bekannten Medien bei den Verteilformen etwas ändern wird und daß das eigentlich Neue die Textkommunikationen sind. Wenn ich mich nun auf die Rezipientenseite stelle und mir überlege, wohin ich die Frage richte, dann werde ich mich nach den Lebenssituationen von Familien, nach beruflichen Kontexten, nach Freizeit usw. umsehen müssen. Dort kann ich ganz bestimmte theoretische oder methodische Zugänge finden. Wenn ich so etwas wie eine medienökologische Position beziehe, dann stellen sich die Fragen: ,,Wie verändert sich die Wohnumwelt durch den Einsatz neuer technischer Medien oder durch eine andere Nutzung?", d.h.: ,,Wie lange ist das Zimmer verdunkelt?", ,,Wie lange kann man das Wohnzimmer nicht nutzen?", ,,Muß der Fernseher ins Kinderzimmer?" usw. Das betrifft den Alltag jenseits der Probleme, die hier diskutiert worden sind. Ich hoffe, ich habe Ihnen die Problematik deutlich machen können.

Nehmen wir noch das Beispiel BTX, von dem als sogenanntem Individualmedium gesagt wird, es brächte nur Veränderungen in Dispositionen, gebe neue Informationsmöglichkeiten usw. Das kann man auch anders sehen: Mit Informationspotenz ist in der Regel Autorität in einem weiteren Sinne verbunden. Je mehr der einzelne in der Familie es schafft, sich Informationen von außerhalb zu besorgen, desto größer ist seine Autorität. Bei einer entsprechenden Änderung werden die Kompetenzverhältnisse innerhalb der jeweiligen Gruppe verändert. Das ist in der Schule möglicherweise noch ein bißchen bedeutsamer. Auch unter einem medien-ökologischen Aspekt ergibt sich real eine Veränderung, auch wenn Wirkungen im Sinne von Massenkommunikationswirkungen in diesem Sinne nicht direkt sichtbar sind.

Ich will darauf hinweisen, daß die Fragestellung, unter der ich den Gegenstand oder die Fakten betrachte, zu ganz unterschiedlichen Ergebnissen und zu einer Erweiterung der Perspektiven führen kann. Dies sollten wir auch bei der weiteren Diskussion beachten, sonst reproduzieren wir hier die Vereinfachungen, die in der medienpolitischen Diskussion — überspitzt gesagt — gang und gäbe sind.

Prof. Dr. Klaus Schleicher:

Hier nur ein kleiner Informationshinweis: Eine recht brauchbare Analyse über die wirtschaftliche Bedeutung der Neuen Medien kann man im OECD-Bericht 1982 als Ländervergleich nachlesen. Ähnliche Informationen liegen in der Bundesrepublik nicht vor. Danach ergibt sich, daß nicht nur Arbeitsplätze vernichtet, sondern weitgehend umgeschichtet werden. Ich möchte vielleicht noch einmal ganz kurz auf den arbeitsverändernden Aspekt eingehen. Die Arbeitsplatzrationalisierung — in welchem Rahmen und wie weit es eine Umschichtung ist, ist eine Frage, auf die ich hier nicht eingehe — ist durch Bildschirmtext gegeben. Bildschirmtext benötigt aber keine Verkabelung, sondern ist zur Zeit bundesweit realisierbar. 10 000 Teilnehmer kann man schon anschließen. Das einzige, was für die teilnahmebereiten restlichen Anschlüsse noch fehlt, ist die Zentrale in Ulm. Und damit ist Bildschirmtext ohne irgendeine zusätzliche Verkabelung — dank des Fernsprechnetzes — bundesweit realisierbar. Darin steckt natürlich eine Menge gesellschaftspolitisch veränderndes Potential. Aber die Diskussion darüber kommt vielleicht schon zu spät. Denn bis wir uns darüber schlüssig geworden sind, wie das Ganze denn in den Griff zu bekommen oder zu halten wäre, ist es schon bundesweit durchgezogen.

Für den Bereich Verkabelung gilt dies noch nicht. Hier muß noch gearbeitet werden. Dabei ist ein Aspekt nicht unwichtig: Die herkömmliche Verkabelung wird voraussichtlich größtenteils bei der Informationsnutzung (Programme usw.) liegen, also mehr der Unterhaltung dienen; die künftige Glasfaser wird aber mehr für den geschäftlichen Bereich da sein. Der geschäftliche Bedarf wird natürlich nicht bundesweit, sondern mehr in den Ballungszentren oder bei verschiedenen Firmen auftreten, so daß sehr wahrscheinlich ein Bedarf an zwei verschiedenen Netzen da sein wird, die sich zum Teil nur in Ballungszentren überlappen, so daß in Randbereichen Glasfaser vorläufig gar nicht zum Tragen kommt, weil die ganzen Möglichkeiten, die zusätzlich darin stecken, nur im geschäftlichen Bereich sinnvollerweise benötigt würden. Darüber gibt es auch schon eindeutige Studien.

Dr. Bernward Frank:

Ich beginne mal mit der Frage nach dem Bedürfnis an Videoprogrammen. Ganz zweifellos ist ein Bedürfnis beim Publikum vorhanden, sich von dem Programmablauf, den das Fernsehen vorschreibt, zu befreien, und ich habe ja auch erwähnt, daß der Großteil der Videonutzung die Nutzung der Fernsehprogramme zu anderen Zeiten betrifft. Es gibt das Schlagwort: „Jeder ist sein eigener Programmdirektor." Das ist das wichtigste Verkaufsargument. Es gibt daneben natürlich auch die Gruppe derer, die nicht nur aufzeichnen, sondern auch in die Videotheken gehen und leihen und kaufen, primär unter 30jährige. Es ist also gar keine Frage, daß ein Bedürfnis da ist, und zwar offensichtlich nach Programmen, die eben öffentlich-rechtliche oder staatliche Fernsehsysteme nicht anbieten.

Zu der Frage nach den Minderheiten: Meine Theorie ist — aber das ist nicht mehr als eine Theorie —, daß wir uns die Zukunftsentwicklung in einem Zwei-Phasen-Modell vorstellen können. Wenn ich mir anschaue, was RTL jetzt ab Januar in Deutschland präsentieren wird, das man vor allem im Saarland empfangen kann, wenn ich mir die Programmabläufe von PKS in Ludwigshafen anschaue — also beides Private —, dann spricht alles dafür, daß wir keine Programme für Minderheiten bekommen werden, nicht mal gegen Sendeschluß, sondern wir werden ausschließlich massenattraktive Programme bekommen. Ich habe den Testfilm von RTL-plus gesehen, da tritt auch mal das Symphonieorchester von Luxemburg auf, aber das waren zwei Minuten in dem Testfilm. Der größte Teil war dem Angebot an Spielfilmen und Unterhaltung gewidmet. Ein weiterer Teil galt der Präsentation von Politik bzw. Information, wobei es dann deutlich genug hieß, es werde nicht nur Politik geboten, sondern es würden vorrangig gute Nachrichten geboten. Man kann sich sehr gut vorstellen, was das heißt. Ich glaube aber, daß es danach in einem weiteren Schritt sicherlich eine Differenzierung nach Zielgruppen und Kanälen — ähnlich wie in Amerika — geben wird. Ich kann mir schon vorstellen, daß es bei uns auch mal so etwas wie einen Nachrichtensatelliten gibt. Das ZDF bietet in Ludwigshafen mit Blick auf diese Zukunft z.B. einen Musikkanal an, in dem die verschiedenen Musikgattungen täglich getestet werden. Die Testfrage ist: ,,Gibt es ein nennenswertes Potential z.B. für Opern, das man an den Sender binden kann, für Popmusik usw.?" Bei der Popmusik stellt sich z.B. folgende Frage: Das ZDF bietet seit Jahren Rock- und Popmusiksendungen an, etwa am Montagabend um 19.30 Uhr. Dabei haben wir nicht nur eine geringe Einschaltquote festgestellt, sondern wir haben auch keine auffallende Beteiligung der Jugendlichen selbst registriert. Meine Vermutung ist, daß die Nutzung dieses Musikangebots bislang noch nicht in der Familie akzeptiert wird. Ist das noch immer so? Es könnte ja sein, daß diese Musik, die bekanntlich bei den jungen Leuten sehr beliebt ist, nur vom Hörfunk und als Schallplatte gewünscht wird. Dann kann man das Angebot im Fernsehen einstellen.

Dr. Hendrik Schmidt:
Ein Wort zur Forschung und Forschungslage! Die Frage, daß erst die Technik kommt, dann das Programm und dann der Nutzer, ist genau die Situation. Und sie wird eigentlich immer deutlicher. Ich habe vorhin schon versucht, es mit dem Hinweis auf die beginnenden Kabelpilotprojekte und die Begleitforschung, die dort gemacht werden soll, anzusprechen. Ich habe dabei der Begleitforschung einen sehr bescheidenen und nur noch begrenzten Stellenwert zugewiesen, weil sie nicht mehr die ursprüngliche Funktion haben kann, die sie vielleicht einmal haben sollte, nämlich, sich vorher über die Bedürfnisse klar zu werden und die Technik dann entsprechend anzuwenden — auch unter sozialen Gesichtspunkten. Dies ist heute nicht mehr der Fall. Es besteht vielmehr die Gefahr, daß auch die Forschung — vielleicht kann man aber noch etwas verhindern — im Nachhinein instrumentalisiert wird als Legitimation für bereits getroffene Entscheidungen. Dies ist die große Gefahr, die es zu verhindern gilt.
Ansonsten sehe ich in Teilen durchaus noch die Möglichkeit, auf die Einführung der neuen Techniken einzuwirken. Ich sehe aber keine Möglichkeit mehr für grundsätzliche Optionen wie — ja oder nein — zur neuen Technik, zu Programmanbietern, zur Programmanzahl.
Diese Entscheidungen sind im politischen und technischen Bereich getroffen worden. Eine andere Bemerkung noch zum Schluß: Ich glaube, daß wir uns diese Form der gesellschaftspolitischen Diskussion nicht mehr sehr lange leisten können. Wir kommen immer mehr in eine Situation, wo wir frühzeitiger bekennen müssen, in welche Richtung eine technische Entwicklung geht oder gehen soll, und nicht alles das, was technisch zur Verfügung steht, auch gemacht werden soll. Das Problem ist — aber das sprengt den medienpolitischen Rahmen —, daß sich auch in dieser Frage natürlich die internationale Abhängigkeit und Verpflichtung zeigt. In einer solchen Entscheidung ist die Bundesrepublik kein autonomes, autarkes Land, das alleine entscheiden könnte, sondern sie ist ein Teil größerer Industriekomplexe. Wenn man sich in diesem Zusammenhang dann die Frage stellen würde: ,,Soll man sich einer oder dieser Entwicklung nicht

anschließen?", muß man sich darüber im klaren sein, daß man sich mehr oder weniger aus dem Industriegesellschaftskomplex oder dem Kreis der entsprechend entwickelten Nationen ausgrenzt. Insofern meine ich, sind heutzutage die Entscheidungsspielräume sehr gering.

Prof. Dr. Bernd Peter Lange:
Ich möchte gern die Skepsis von Herrn Dr. Schmidt etwas relativieren. Man muß sich fragen, was ist mit der Aussage ,,Entscheidungen sind längst gefallen" gemeint. Es sind sicherlich Entscheidungen gefallen, Verkabelungen vorzunehmen. Es ist sicherlich die Entscheidung gefallen, die Pilotprojekte nicht zurückzuholen, sondern sie auszuweiten zu einer allgemeinen Nutzung. Nur ist es doch die Frage: ,,Wird das tatsächlich so kommen, wird das tatsächlich auch so akzeptiert werden?" Denn das ist ja nur die Entscheidung der Anbieter, der Netzbetreiber, aber noch nicht die Entscheidung der Nutzer. Deshalb scheint es mir wichtig zu sein, auf der einen Seite herauszuarbeiten, wie groß der Druck ist, daß die Entscheidungen in diese Richtungen fallen. Das kann man sich klarmachen, wenn man sich betrachtet, wie der Markt für Fernsehgeräte aussieht. Bei Farbfernsehgeräten ist eine gewisse Marktsättigung erreicht; es sind keine großen Zuwächse mehr zu erwarten. Von daher ist es im Interesse jedes Unternehmers, der mit solchen Geräten seinen Umsatz macht, neue Geräte auf den Markt zu bringen, um einen Ersatzbedarf zu haben, und dann ist natürlich das kabelfernsehfähige Gerät oder das bildschirmtextfähige Gerät der nächste Markt.
Zum anderen kommt der Druck auch von der Deutschen Bundespost. Die Deutsche Bundespost hat bisher in den Jahren jeweils etwa 12 bis 14 Milliarden Mark jährlich für den Ausbau des Fernsprechnetzes investiert. Das ist der größte Batzen, der von einem Unternehmen der Bundesrepublik — ja von einem Unternehmen überhaupt — aufgewandt wird. Es ist absehbar, daß in den nächsten zwei/drei Jahren die Vollversorgung mit Fernsprechhauptanschlüssen erreicht sein wird. Für die Deutsche Bundespost stellt sich dann die Frage: ,,Wohin gehen die Investitionen?" Entweder schraubt man die Investitionen zurück — dann muß man bei der Post Arbeitskräfte entlassen und dann kann man nur noch wenig bei der nachrichtentechnischen Industrie einkaufen — oder man muß neue Investitionsfelder suchen. Von dort aus kommt der Druck, in den Bereich Bildschirmtext und Verkabelung hineinzugehen. Man muß sehen, daß hier Vorleistungen — immer aus der Unternehmensperspektive argumentiert — für die Infrastruktur erforderlich sind, die sich erst in einigen Jahren in Erträgen niederschlagen werden. Das ist also die eine Seite der Entscheidungen, die bereits gefallen sind, um die Entwicklung voranzutreiben.
Nun die andere Seite: Was sind Bedarf, Bedürfnisse usw.? Mir scheint es ganz wichtig zu sein, sich klarzumachen, daß es hier bei diesen Neuen Medien um soziotechnische Systeme geht. Es sind nicht rein technische Systeme, sondern es sind Systeme, die in den Alltag integriert werden sollen, die von den privaten Haushalten akzeptiert werden sollen, da sie sonst nicht gekauft werden. Das bedeutet, daß sie in irgendeiner Form — sei es auch nur subjektiv so empfunden — einen Nutzen bringen müssen für denjenigen, der Geräte und Dienste kaufen soll. Und hier ist meiner Meinung nach noch lange nicht gesichert, daß das, was heute angeboten wird (Bildschirmtext oder Kabelanschlüsse und Kabelprogramme, die dann mit neuen Kabelgeräten empfangbar sein sollen) auch tatsächlich

akzeptiert und gekauft wird. Denn die eine Frage ist: ,,Was bringen die zusätzlichen Programme an zusätzlichem Nutzen?", und die zweite Frage ist: ,,Was kosten sie eigentlich; wie belasten sie das Geldbudget?" Wenn man sich klarmacht, daß der Markt diese zwei Komponenten hat — auf der einen Seite die bereits gefällten Entscheidungen und auf der anderen Seite die Reaktion der Konsumenten —, dann ist doch ein gewisser Spielraum für Akzentsetzung zumindest noch gegeben, was die Ausgestaltung angeht. Damit sind wir beim Thema: ,,Was ist mit rechtlicher Ausgestaltung gemeint?" Es kann — solange man die Grundprinzipien der Wirtschaftsordnung nicht in Frage stellt, also die Prinzipien der offenen Volkswirtschaft, der Produktion über Märkte usw. —, dann nur die Rahmensetzung geben, d.h. den Versuch über die Ordnungspolitik, die ökonomischen Zwänge oder den ökonomischen Druck zu kanalisieren und einen Rahmen zu finden, der Sozialverträglichkeit bedeutet. Dann stellt sich natürlich die Frage: ,,Was ist das?", ,,Worum geht es da im einzelnen?", ,,Welche Möglichkeiten gibt es da?". Und dazu wollen wir im einzelnen auch noch Stellung nehmen. Diese rechtliche Ausgestaltung gehört mit zu dem, was das Verständnis dieser Neuen Medien als soziotechnische Systeme ausmacht.

Insofern muß es auch im Interesse derjenigen liegen, die ökonomisch den Druck ausüben, diese Rahmenbedingungen so zu gestalten, daß für die Käufer eine möglichst hohe Akzeptanz gegeben ist. Es gibt also in dieser ganzen Entwicklung auf der einen Seite denjenigen Unternehmer, der praktisch nur über den Markt verkaufen will, der so schnell wie möglich seine Umsätze maximieren will (und ich behaupte, der wird auf die Nase fallen), und es gibt den anderen, der versucht, im Zusammenhang mit Pilotprojekten z.B. herauszubekommen, wie die Akzeptanz bei welchem Angebot ist, wo sie denn am größten ist, was er schlucken muß an Rahmenbedingungen, um hier einen gesicherten Markt zu haben, einen Markt, der längerfristige Perspektiven hat. Insofern besteht natürlich die Gefahr, daß Begleitforschung und Sozialforschung in diesem Bereich nur dazu dienen, den Markt zu stabilisieren oder den Markt zunächst zu eröffnen und dann auf Dauer zu stabilisieren. Aber auf der anderen Seite ergibt sich aus diesem Angewiesensein auf die staatlichen Vorleistungen — auf die Rahmenordnung — auch die Chance, über Forschung, Begleitforschung, Erfahrungen und Lernprozeß in Pilotprojekten zu einer Ausgestaltung zu kommen, die dem Ziel ,,Sozialverträglichkeit" etwas näher kommt und dann auch versucht, die ökonomisch wildwüchsige Entwicklung zu kanalisieren und zu begrenzen. Diese Ambivalenz ist immer gegeben.

Es gibt aber auch offene Gestaltungschancen. Und um das nur noch an einem Beispiel klarzumachen: Es ist immerhin beim Bildschirmtext gelungen, in den Staatsvertrag einen bildschirmtext-spezifischen Datenschutz einzubauen. Also: Man hat sich nicht damit begnügt, zu sagen: ,,Der Datenschutz, so wie er generell gilt, reicht für Bildschirmtext." Sondern es ist ein bildschirmtext-spezifischer Datenschutz eingebaut worden, der sichern soll, daß keine Teilnehmerprofile von den Anbietern aufgebaut werden. Ob sich das wirklich bewähren wird, weiß ich nicht. Ich sage nur, dies ist so eine Chance gewesen, einen Schritt weiterzukommen und hier auch Rahmenbedingungen zu schaffen, die die Entwicklung dieses Mediums begrenzen oder in eine Ordnung bringen, die sozialverträglich ist. Meine These lautet: Es gibt sozusagen zwei oder wahrscheinlich sogar drei Entwicklungsmodelle für die neuen Technologien. Das eine Modell ist das US-amerikanische, wo einfach etwas eingeführt wird und sich dann auf dem Markt durchsetzt oder nicht. Das zweite Modell ist das japanische, wo der Staat über das MITI ganz massiv bestimmte Technologien fördert, um den Markt zu entwickeln — der Staat und die Privatwirtschaft also eine ganz enge Verflechtung eingehen. Das dritte Modell ist der europäische Weg, wenn ich das mal so hochtrabend sagen darf. Es ist der Versuch — und ich würde den immer noch nicht ganz für gescheitert erklären —, über Experimente in der Gesellschaft, einen Lernprozeß, Diskussionsprozeß in Gang zu setzen, um dann für soziotechnische Systeme einen neuen oder einen angepaßten Rahmen zu haben.

Dr. Bernward Frank:

Mediennutzung — Medienwirkung
— *Ergebnisse der Medienforschung am Beispiel Fernsehen* —

Das Referat gliedert sich in zwei Teile: *Mediennutzung und Medienwirkung.* Ich will zu Beginn gleich deutlich machen, daß eine unendliche Fülle von Materialien für den ersten Teil vorliegt — also zur Mediennutzung — und vergleichsweise bescheiden die Ausbeute im zweiten Teil ist, insbesondere dann, wenn man den Begriff ,,Medienwirkung" im engeren Sinne faßt. Angesichts der knappen Zeit für das Referat versuche ich, die zahlreichen Befunde zum Teil 1 so kurz wie möglich zu fassen. Es wird nicht möglich sein, die Thesen im einzelnen auch stets mit Zahlen zu belegen.

Zur Ausgangslage:

Wir haben in der Bundesrepublik schon seit sehr vielen Jahren praktisch eine *Vollversorgung mit Fernsehen.* Rund 96 Prozent besitzen ein Fernsehgerät, knapp 30 Prozent sogar zwei und mehr Geräte. Wichtiger noch ist, daß sich in den letzten Jahren der Anteil derer, die mehr als drei Programme empfangen können, deutlich vermehrt hat. Heute haben 40 Prozent die Wahlmöglichkeit zwischen vier und mehr Programmen, immerhin noch die Hälfte davon bereits zwischen fünf und sechs Programmen. Die Familien mit vergrößerten Empfangsmöglichkeiten wohnen insbesondere in den Grenzgebieten, z.B. zu Österreich und zur Schweiz hin.

Nun einige wesentliche *Zahlen zur Nutzung der Fernsehprogramme:* Rund 4/5 der erwachsenen Bevölkerung hat mindestens einmal täglich mit dem Fernsehen Kontakt. Um Ihnen einen Vergleich an die Hand zu geben: Rund 70% schalten mindestens einmal täglich den Hörfunk ein, und rund 75% lesen mindestens einmal am Tag Zeitung. Diese Tagesreichweite ist seit rund 20 Jahren einigermaßen stabil für das Fernsehen. Leichte Rückgänge in den letzten Jahren sollen jedoch nicht verschwiegen werden, während für Hörfunk einerseits und Tageszeitung andererseits Gewinne festzustellen sind. Die *Dauer der Fernsehnutzung* pro Tag liegt ebenfalls seit einigen Jahren relativ stabil bei 2 Stunden und 10 Minuten für die erwachsene Bevölkerung. Neu ist, daß der Hörfunk seit etwa einem dreiviertel Jahr das Fernsehen in der Nutzungsdauer überholt hat, wobei jedoch darauf hinzuweisen ist, daß die Hörfunknutzung insbesondere in den Vormittagsstunden und auch noch in den Nachmittagsstunden stattfindet, zu Zeiten also, wo Fernsehen kaum eine Rolle spielt bzw. gar nicht angeboten wird. Die Nutzung der Tageszeitung übrigens beträgt rund 40 Minuten täglich. Zusammen addiert sich die Nutzungszeit für die tagesaktuellen Medien auf etwa 4 Stunden und 45 Minuten. Dieser Wert ist durch den Anstieg der Nutzungszeit für den Hörfunk in den letzten 10 Jahren um fast 1 Stunde gestiegen.

Frage: Wie wird sich dies entwickeln, wenn das Programmangebot vervielfacht wird? Unter zwei Voraussetzungen ist mit einer Steigerung der Sehdauer zu rechnen:

a) bei einer gegenüber den Angeboten der öffentlich-rechtlichen Systeme veränderten Programmischung (mehr Spielfilme, Serien);

b) bei Plazierung solcher Programme in Zeiten, die bisher mit Minderheitenpro-

grammen belegt waren (vor allem Nachmittagsstunden und Spätzeiten ab 22.00/23.00 Uhr).
Unter diesen zu erwartenden Voraussetzungen wird sich die Sehdauer von Kindern und Erwachsenen steigern. Hinzu kommt noch die Nutzungszeit, die auf das zeitversetzte Fernsehen sowie das Sehen geliehener/gekaufter Kassetten entfällt (Video).
Seit vielen Jahren konstant ist ebenfalls die *Hierarchie der Programminteressen*. An der Spitze stehen die unterhaltenden Angebote vom Spielfilm bis hin zu den Quiz und Shows und die tagesaktuelle Berichterstattung, also die Nachrichtensendungen. Im Mittelfeld befinden sich Programme, die nicht die Gesamtheit der Bevölkerung ansprechen, sondern eher gruppenspezifisches Interesse finden, so z.B. Operettenprogramme, die eher die älteren Menschen ansprechen, oder Pop- und Rockmusik, die eher die Jüngeren ansprechen, ferner der Großteil der Sportsendungen sowie Informationssendungen, die nicht im engeren Sinne politischer Natur sind, sondern z.B. Land und Leute porträtieren. Noch weiter unten in der Interessenhierarchie finden sich dann die politischen Sendungen, und ganz am Ende der Skala liegen mit geringen Interessenswerten Programme wie Opern, Konzerte, Bildungsprogramme (hier ist vielleicht der Hinweis auf die Quantität erlaubt, die das Fernsehen so mächtig erscheinen läßt: 1 Prozent Sehbeteiligung heißt 400 000 erwachsene Zuschauer. Eine Aspekte-Sendung erreicht mehr Zuschauer als wahrscheinlich FAZ, SZ und FR zusammengenommen mit ihren Feuilletons Leser. Diese quantitative Dimension des Fernsehens verleitet manche schon, sie mit einer ebenso machtvollen Wirkung gleichzusetzen). Auch in der Interessenhierarchie ist eine Stabilität festzustellen, die nur bei wenigen Gattungen nicht gilt, z.B. beim Volkstheater. Das Publikum für Volkstheaterprogramme, auch für Volksmusiksendungen, wächst mit den jüngeren Generationen nicht mehr nach.
Diese wenigen Hinweise auf die — insgesamt gesehen — hohe Stabilität von Nutzung und Interesse mögen *den* überraschen, der noch in Erinnerung hat, daß in den 60er Jahren Unterhaltungssendungen, Krimis, Übertragungen der Mainzer Faßnacht u.a. nicht selten Werte von über 70 Prozent Einschaltungen erreichten, Kaufserien regelmäßig 60 Prozent und mehr. Eine Erklärung habe ich schon eingangs gegeben: Die Zuschauer haben heute mehr Wahlmöglichkeiten. Hinzu kommt, daß die Angebote sich erweitert haben, die Nutzung verteilt sich heute auf einen größeren Zeitraum, vom späten Nachmittag bis nach Mitternacht. Teilweise wird ja auch das gemeinsame Vormittagsprogramm der ARD und des ZDF genutzt. Die geringen Einschaltquoten sowohl bei den Massenprogrammen als auch bei den Minderheitenprogrammen sind also nicht bereits Ausdruck geringeren Interesses an dem Programmangebot der heutigen Fernsehsysteme, sondern erklären sich schlichtweg aus der veränderten Situation in Angebot und Auswahl gegenüber den 60er Jahren. Auch hier sind für die Zukunft bei einer Angebotserweiterung in inhaltlicher wie quantitativer Hinsicht Veränderungen zu erwarten, und zwar in Richtung von Fiction-Programmen.
Nun müßte man ja eigentlich erwarten, daß die Zuschauer, bereits jetzt mehrfach ausgestattet mit einer verbesserten Auswahlmöglichkeit in zeitlicher wie in inhaltlicher Hinsicht, mit dem Fernsehen zufriedener wären als vor 10, 15 Jahren. Nach Interesse und Laune kann er zumindest in den Grenz- und Überschneidungsgebieten, also im Bodenseeraum, überhaupt in weiten Teilen Süddeutsch-

lands oder auch im Rhein-Main-Gebiet und in Berlin doch viel eher auswählen, wo früher Zwang herrschte. Das Gegenteil ist der Fall: Fernsehen hat in der *Wertschätzung* seinen großen Vorsprung vor den anderen Medien, vor Hörfunk und Tageszeitung, eingebüßt; es hat verloren, jene dazugewonnen. Man spricht allgemein von einer *Veralltäglichung* des Mediums Fernsehen, von einer Normalisierung. Man registriert *Bindungsverluste,* wobei man positiv konstatieren könnte, daß die kritischere Haltung zu den Medien generell und insbesondere zum Fernsehen die Manipulationsmöglichkeiten und Manipulationsgefahren des Mediums begrenzt; man kann dies aber auch negativ interpretieren: Die Medien leisten offensichtlich nicht mehr genügend das, was von den Zuschauern erwartet wird, nämlich z.B. eine Hilfestellung bei der Welt- und Umweltorientierung. Hier setzen die Überlegungen ein, die in spezifischeren Angeboten eine Chance sehen, nämlich dem Zuschauer als subregionales oder lokales Medium in seiner ,,Nah-Welt" zu begegnen.

Dennoch ist und bleibt das Fernsehen die Nummer 1 in der Beliebtheit unter allen Medien. Warum ist dies so, ist zu fragen? Mir scheint, daß dies primär zwei Ursachen hat:

1. Das Medium Fernsehen ist ein *multifunktionales* Medium, d.h. es bietet Unterhaltung und Informationen, Spannung und Entspannung, Bildung und Ausbildung. Es ist auf allen Einzelgebieten möglicherweise nicht das wichtigste Medium, ist es jedoch als Ganzes gesehen.

2. Das Fernsehen unterscheidet sich von anderen Medien dadurch, daß es die Zuschauer *mehrkanalig* anspricht, d.h. das Auge und das Ohr des Zuschauers zugleich erreicht.

Und hier ergibt sich nun ein direkter Anschluß zum zweiten Kapitel meines Referats, nämlich der Frage nach den Wirkungen des Mediums Fernsehen.

Ich möchte insbesondere den Aspekt der Mehrkanaligkeit des Mediums ansprechen, da von ihm aus sich die zentralen Fragen, die die Wirkungsforschung hat, ergeben. Ich möchte mit einem Zitat beginnen. In einer ZDF-Sendung im vergangenen Jahr äußerte sich der damalige Bundesinnenminister Baum zum Thema politische Information im Fernsehen etwa wie folgt:

,,Ich frage mich oft, was empfinden ein Facharbeiter oder eine Hausfrau abends zu Hause, wenn ich in 1'20 ein kompliziertes Problem darstellen soll. Ich mache die bestürzende Erfahrung, daß das Optische im Vordergrund steht. Der Drang, es muß sich etwas bewegen, das Überwiegen von Optischem ist manchmal störend. Warum muß ein Journalist, der ein Statement abgibt, vor einem rauschenden Springbrunnen stehen? Kürzlich wurde ich angesprochen: Ich habe Sie im Fernsehen gesehen. Auf meine Frage, ,was habe ich gesagt?', ,bei welcher Gelegenheit?', wußte der Betreffende keine Antwort, sagte aber: ,Sie sahen sehr müde aus'. Diese Überlagerung, daß das Inhaltliche zurücktritt gegenüber den Bildern, das stört mich in der aktuellen Berichterstattung."

Diese Wirkung hat zu tun mit den Besonderheiten der Fernseh-Rezeption, d.h. mit

— der Verdichtung im auditiven wie im visuellen Bereich (durch verknappte Sprache, Schnitte, Tricks etc.),
— dem Auseinanderklaffen von Bild und Ton,
— der Auslieferung der Zuschauer an den Sprach- und Bildfluß des Mediums, die keine Rückfragen, kein Anhalten ermöglichen.

Fernsehwahrnehmung unterscheidet sich also prinzipiell von Alltags-Wahrnehmung, sie *muß gelernt werden.* Für die Frage nach den Wirkungen des Fernsehens ist dies m.E. entscheidend. Wir müssen uns nur einmal vergegenwärtigen, wie die Fernseh-Wahrnehmung von Kindern, also Personen, die diese spezifische Form der Wahrnehmung zu lernen im Begriff sind, aussieht, um dies deutlicher zu erkennen. In der Kürze der Zeit nur einige Stichworte zum Kinder-Fernsehen:
— punktuelle Wahrnehmung
— nicht entwickelte Fähigkeit, Wesentliches von Unwesentlichem zu unterscheiden
— Einbeziehung vom Geschehen außerhalb des Bildschirmgeschehens in das, was auf dem Bildschirm geschieht
— Dominanz des Bildes über das Wort
— keine Verknüpfung von Handlungsteilen in eine zeitlich und logisch richtige Abfolge
— keine Trennung von verschiedenen Wirklichkeitsebenen.

Diese Stichworte signalisieren die Probleme von Kindern, aber nicht nur von Kindern, gegenüber der spezifischen Fernsehangebotsweise und -rezeptionssituation. Erst mit etwa 12—13 Jahren, so nimmt man an, verarbeiten Kinder die Fernsehangebote so wie Erwachsene — allerdings mit einer entscheidenden Einschränkung: Ihnen fehlt noch immer das Vor-Wissen, das es ihnen ermöglicht, das Gesehene einzuordnen.

Ein anderer Aspekt, den ich hervorheben möchte: Das Wesen des mehrkanaligen Mediums Fernsehen scheint zu sein, daß es *im emotionalen Bereich längerfristige Wirkungen* zeitigt *als im kognitiven Bereich.* Ich habe vorhin Herrn Baum zitiert, es gibt viele Belege für diese These, die Hertha Sturm bei uns populär gemacht hat und die auch die aufgeregte Diskussion um den Einfluß von Kameraperspektiven bei Politikern auf das Wahlverhalten erklärt.

Die behauptete große Wirkung des Fernsehens im emotionalen Bereich hat sicher viel zu tun mit den vorhin geschilderten spezifischen Wahrnehmungsbedingungen des Fernsehens, mit der Auslieferung an den Bild- und Sprachfluß, mit der Verdichtung der Aussagen in beiden Wahrnehmungskanälen. Es bleibt dem Zuschauer ja de facto keine Zeit, im Strom der Bilder und Worte innezuhalten, Bilder auf ihre symbolische Aussage hin zu betrachten, Worte zu sortieren, mit früheren Worten und Sätzen zu verknüpfen, auszuwählen. Assoziative Reaktionen sind eine ,,konsequente" Antwort des Zuschauers auf diese Angebotsweise, nicht ein logisch stringentes Mitsehen und — damit koordiniert — Mithören. Diese Erfahrung machen wir alle tagtäglich, wenn wir fernsehen. Ich meine, sie ist nicht nur ein Problem der fernsehenden Kinder und auch nicht nur ein Problem der sogenannten Vielseher (dem neuen Schlagwort in den Medienauseinandersetzungen). Hier stellt sich auch mit Blick auf die Zukunft allerdings das Problem verschärft, weil den Vielsehern die Zeit für Fernsehen und Video keine Zeit mehr läßt, das Gesehene und Gehörte durch andere Formen der Kommunikation zu verarbeiten. Es bleibt sozusagen unverdaut, unaufgeklärt, was doppelt Folgen haben kann: Man stumpft ab, gewöhnt sich an den Zustand, und man wird ,,süchtig", vielleicht in der Hoffnung, man werde es schon eines Tages durchschauen, das Unverbundene in den Griff bekommen.

Mir scheint es notwendig, auf dieser Ebene die Fragen der Fernsehwirkung zu studieren und zu diskutieren. Dies erscheint mir wichtiger, als immer noch einmal experimentell zu überprüfen, welche einzelne Aussage — sei sie verbal, sei sie visuell — wie auf welche Zuschauergruppe gewirkt hat und wie lange. Wie unergiebig diese auf Kausalbeziehungen abzielenden Ableitungen von Programm-Inhalten auf Zuschauer-Reaktionen gewesen sind, zeigen die Forschungen und Diskussionen um Themen wie ,,Fernsehen und Wahlen", ,,Fernsehen und Gewalt", ,,Fernsehen und politische Bildung" etc. etc. hinreichend. (Sie sagen in der Regel mehr aus über den gesellschaftspolitischen Standort des Forschers oder des Diskutierenden als über die Sache selbst.) Die Bedingungen der Fernsehwahrnehmung und -rezeption sind vielmehr zu analysieren, will man die Folgen des Fernsehens für den Menschen wissen.

Antworten auf Fragen zur Fernsehzuschauer- und Programmforschung

Dr. Bernward Frank:

Ich will versuchen, Ihre Fragen einigermaßen kurz zu beantworten:

1. Zur Fernsehzuschauerforschung:

Einerseits untersuchen wir durch Messungen tatsächlich — wenn man es so formulieren will — nur die Anwesenheit vor dem Bildschirm. Aber das ist natürlich nicht alles. Wir untersuchen selbstverständlich auch die Aufmerksamkeit gegenüber dem Programm, so daß das, was mit Rückgriff auf Japan kritisch formuliert wurde, für uns nicht gilt. Unsere erste Aufgabe sehen wir darin, für das Programm Forschung zu machen, also nicht primär für die Werbung. Die Werbungtreibenden sind tatsächlich meistens mit Einschaltquoten zufrieden. Für die Programmforschung aber ist es wichtiger zu wissen, ob die Zuschauer nun tatsächlich auch das Programm gesehen haben. Vor allem ist es für die Programmforschung wichtig zu wissen, welche Zuschauergruppen welches Programm gesehen haben.

2. Zur Ambivalenz gegenüber dem Fernsehen:

Sie ist durch viele Studien bestätigt. Sie läßt sich z.B. für Mütter nachweisen, die nach ihren Einstellungen zum Fernsehen der Kinder gefragt wurden. Das Fernsehen der Kinder wird ausschließlich damit gerechtfertigt, daß man sagt: Das Kind lernt durch das Fernsehen sehr viel Nützliches für die Schule oder fürs spätere Leben. Das sind die beiden Statements mit den höchsten Quoten — nämlich 50% für ,,Kinder lernen durch Fernsehen viel für die Schule" und 42% für ,,Kinder lernen durch Fernsehen viel für das spätere Leben". Die Erwachsenen geben typischerweise nicht zu, daß Kinder auch ein Recht auf Unterhaltung haben — wie die Erwachsenen selbst, die das Fernsehen primär als ein Unterhaltungsmedium nutzen. Sie müßten ja eigentlich, wenn nicht diese Unsicherheit bestünde, ganz offen sagen: Ich freue mich, daß mein Kind auch mal eine Stunde Abwechslung durch das Fernsehen nach dem anstrengenden Lernen oder dem Klavierspiel hat. Das ist für mich ein ganz klarer Beleg für die Ambivalenz; es gibt viele weitere Daten — die ich hier nicht ausführlich darstellen kann —, daß das Verhältnis zum Fernsehen immer ambivalent war und auch weiterhin sein wird.

3. Nun zum Thema „Vielseher":
Dieses Thema ist bei uns in der Bundesrepublik noch gar nicht richtig aufgegriffen worden. Als erste Wissenschaftlerin hat sich Frau Prof. Hertha Sturm mit den Vielsehern befaßt, jedoch mit Rückgriff auf die amerikanischen Forschungsergebnisse von Prof. Gerbner. In Amerika ist die Situation aber nun wirklich so viel anders als bei uns, so daß wir — glaube ich — aus den amerikanischen Ergebnissen zu den Vielsehern nicht „allzu viel Honig saugen" können. Dort heißt „Vielsehen" 6—7 Stunden täglich fernsehen, bei uns sind es vielleicht 4 Stunden. Dem Thema „Vielseher" wird mit Blick auf die Zukunft eine noch größere Bedeutung zukommen. Was mich an diesem Thema besonders interessiert, ist die empirisch belegte Tatsache, daß die Vielseher bisher auch die Seher von eher minoritären Programmen sind. Eine Sendung wie z.B. das Kulturmagazin „Aspekte" hat den Großteil seiner Zuschauer nicht unter den kulturbeflissenen Lesern der Feuilletons von „Zeit", „FAZ" und dergleichen, sondern eben unter den vielsehenden Zuschauern. Das wird, so befürchte ich, bei einer Programmvermehrung in Zukunft nicht mehr der Fall sein. In Belgien hat sich unter diesen Gegebenheiten die Nutzung von Kulturmagazinen, wie die belgischen Kollegen geschrieben haben, dem Nullpunkt angenähert. Die Zuschauer sind zu den Spielfilmen abgewandert, die RTL und die einstrahlenden französischen Programme in Belgien anbieten.

4. Zur Frage nach Inhaltsanalysen und Programmstrukturanalysen:
Zweifellos sind solche Studien für die Programmgestaltung nützlich, aber sie sind keine Wirkungsforschung. Die vielen Nachrichtenstudien, z.B. von Prof. Straßner, Tübingen, haben zwar zur Aufklärung über Inhalte und Präsentation von Nachrichtensendungen beigetragen, sie machen aber keine Aussage darüber, wie z.B. kurze oder lange Politikerstatements, Sprachstil, Sprechstil usw. auf die Zuschauer wirken. Solche Fragen sind also bislang noch von der Wissenschaft nicht beantwortet.

5. Zum Thema Jugend:
Zunächst ist eine Differenzierung angebracht: Fernsehen spielt eine große Rolle bei den Kindern im Alter von ungefähr 6 bis 10/11 Jahren. Früher hätte ich gesagt: bis 12/13 Jahren. Da hat sich inzwischen zweifellos etwas verändert. Der Hörfunk hat eindeutig mit seinem Musikangebot über die Servicewellen das Fernsehen in diesen beiden Altersjahrgängen vom 1. Platz verdrängt. Danach kommt eine Phase — sagen wir mal bis 18/19 Jahre —, in der das Fernsehen eine geringere Bedeutung hat. Von den Jugendlichen dieser Altersgruppen werden nur noch ganz gezielt bestimmte Programme ausgewählt, bei den Jungen z.B. Sport und Krimis, bei den Mädchen Spielfilme aller Art. Die Bedeutung des Fernsehens steigt erst dann wieder deutlich an, wenn die jungen Menschen heiraten. Die Bindung ans Haus, insbesondere wenn sich Nachwuchs eingestellt hat, verringert die Möglichkeiten außerhäuslicher Freizeittätigkeiten, z.B. den Besuch des Kinos. Kino spielt eine große Rolle bei den jungen, nicht familiär gebundenen Menschen, die in Gruppen zu zweit, zu dritt und mehr ins Kino gehen. Mit der Gründung einer Familie sinkt der Stellenwert des Kinos.
Die Frage nach dem Rückgang der Fernsehnutzung bei Jugendlichen ist schwer zu beantworten: Es gibt hierzu mehrere Hypothesen. Meine Meinung ist, daß das

Fernsehen auch dann nicht die Nr. 1 bei Jugendlichen wäre, wenn es im großen Stil das anböte, was Jugendliche wollen: Musikprogramme. Dies hat mit der Empfangssituation zu tun. Mir hat einmal in einem Universitätsseminar ein Student auf meine diesbezügliche Frage gesagt: „Die Musik, die ich hören will, ist doch überhaupt nichts für meine Eltern. Ich will meine Gefühle, die ich bei der Musik habe, für mich allein oder mit meiner Freundin in meinem Zimmer ausleben. Das geht meinen ‚Alten' überhaupt nichts an, der soll mir doch dabei nicht zuschauen." Ich glaube, das ist der entscheidende Punkt: Der Zugang zum Fernsehen geht in aller Regel über die Familie. In Familien mit einem Zweitgerät ist sehr gut der Status des Fernsehens als Familienmedium ablesbar. Nur dann, wenn man sich innerhalb der Familie wirklich nicht auf ein Angebot einigen kann, weicht ein Teil der Familie auf das Zweitgerät aus. In aller Regel sieht man gemeinsam fern, vor allem auch am Wochenende.

6. Warum man die Frage nach den möglichen Veränderungen durch Programmvermehrung nicht bei uns, sondern in anderen Ländern studieren muß, ist einfach zu beantworten:

Wir haben bislang nur die Konkurrenz von öffentlich-rechtlichen Programmen untereinander und nicht die Konkurrenz von öffentlich-rechtlichen Programmen und privaten Programmen. Der Blick auf die Dritten Programme erlaubt also keine Prognose für zukünftige Entwicklungen. Wir werden jedoch ab Januar 1984 im Saarland beobachten können, wie sich privates Fernsehen bei uns auswirkt, wenn Radio Luxemburg sein deutschsprachiges Programm anbietet. Dann haben wir eine neue Situation, nämlich ein in den Programmfarben völlig anderes Angebot als das der öffentlich-rechtlichen Sender. Wenn ich mir also Länder wie z.B. Belgien und Italien ansehe, um die Folgen einer Programmvermehrung durch private Programmanbieter zu beantworten, dann muß ich feststellen: Es ist eine Steigerung der Nutzung eingetreten! Dies prognostiziere ich auch für uns, wenn die Situation mit anderen Programmanbietern und neuen Angeboten gegeben ist.

7. Schließlich zu der Frage nach den Rahmenbedingungen für die Nutzung:

Selbstverständlich untersuchen wir nicht nur das Fernsehverhalten an sich, sondern das Fernsehverhalten eingebettet in das gesamte soziale Verhalten. Bei den Jugendlichen z.B. ist die Situation gegeben, daß wir zur Zeit nicht exakt die „Schnittstellen" zwischen den Altersjahrgängen festlegen können. Deshalb starten wir auch mit einer großen Studie (rund 3000 Befragte) zum Thema „Jugend und Medien". Danach wird sich sicher präziser sagen lassen als derzeit, wie die Jugendlichen ihre Freizeit verbringen, welche Beziehungen zwischen Freizeit und Mediennutzung bestehen und warum die Medien verschieden bewertet werden.

Prof. Dr. Bernd Peter Lange:

Rechtliche Regelungen angesichts problematischer Wirkungen
— *Möglichkeiten und Grenzen* —

Die Wirtschaftsordnung der Bundesrepublik, so auch die ständige Rechtsprechung des Bundesverfassungsgerichts, ist nicht vorgegeben als reine Marktwirtschaft, sondern das Grundgesetz ist dort neutral. Der Maßstab für die Ordnung der Medienentwicklung sind die Grundrechte, und insofern ist es nicht so, daß es eine Möglichkeit gibt, abzuleiten, jeder Unternehmer dürfe auch Fernsehveranstalter werden, sondern die Funktionserwartungen des Grundgesetzes — die Grundrechtsartikel insbesondere zur Meinungsfreiheit, zur Rundfunkfreiheit — sind die Vorgaben, denen sich die Organisationen und Unternehmen auch dann unterzuordnen haben. Die Vorgabe des Grundgesetzes ist es, daß eine unverkürzte inhaltliche Pluralität der Meinungen zum Ausdruck kommen muß, der Meinungen, die in den gesellschaftlichen Gruppen vorhanden sind. Unverkürzt: Keine Gruppe darf benachteiligt und keine soll bevorteilt sein. *Unverkürzte inhaltliche Pluralität muß durch die Angebote zum Ausdruck kommen.* In dem angesprochenen FRAG-Urteil des Bundesverfassungsgerichts ist die Freie Rundfunk AG im Saarland, die privates Fernsehen veranstalten wollte, abgewiesen worden, weil gesagt wurde: Die Ausgestaltung des Gesetzes im Saarland gibt keine Sicherheit, daß diese unverkürzte Pluralität hergestellt wird! Also: Der normative Bezug ist zum einen unverkürzte inhaltliche Pluralität der Meinungen, zum anderen die Kultur- und Sozialstaatlichkeit, d.h. es kann nur darum gehen, Rundfunk auch als Infrastruktur für andere Bereiche der Gesellschaft zu sehen. Es sind externe Effekte, die von Rundfunkprogrammen ausgehen, z.B. Informationen und die Pluralität der Informationen werden ja nicht nur geschützt, damit der einzelne sich umfassend informieren kann, sondern dahinter steht auch die Vorstellung, daß der einzelne sich dann in der Demokratie so verhalten kann, daß die Willensbildung freiheitlich zustandekommt. D.h. es wird immer die weitergehende Wirkung auch mitberücksichtigt, und darin besteht der Zusammenhang zur Demokratie.

Das gleiche gilt für den Bereich der Kultur- und Sozialstaatlichkeit, d.h., wenn man diese Orientierungen zusammennimmt, gibt es Funktionserwartungen an den Rundfunk, die man unter dem Schlagwort „*Gemeinschaftsorientierung*" zusammenfassen kann, und die dazu geführt haben, daß das Bundesverfassungsgericht gesagt hat: „Es ist ordnungspolitische Aufgabe des Gesetzgebers, den Rahmen so zu gestalten — auch für die Zulassung privat-rechtlicher Veranstalter —, daß diese Funktionserwartungen erfüllt werden." D.h., wir stehen nicht vor der Situation, daß man sich privat-wirtschaftlichem Wildwuchs einfach stellen muß, sondern der Gesetzgeber hat die Aufgabe, den Rahmen so zu gestalten, daß die Funktionserwartungen der Verfassung erfüllt werden. Und dieses wird von den Mediengesetzentwürfen der Bundesländer, die privatrechtlichen bzw. privatwirtschaftlichen Rundfunk zulassen wollen, auch implizit anerkannt. Denn es wird gesagt: „Wir brauchen Gesetze, wir brauchen einen Ordnungsrahmen, was die Zulassung angeht; wir brauchen Zahlen über die Veranstalter, die erforderlich sind, damit inhaltliche Pluralität erreicht wird; wir brauchen Programmgrundsätze und dergleichen." Alles das wäre ja nicht erforderlich, wenn es darum ginge, nur dem Wettbewerb freien Lauf zu lassen. Dann würde sich das optimale Angebot einfach aufgrund der Konkurrenz ergeben. Hier wird dagegen ein Ordnungsrahmen vorgegeben, der abgeleitet ist aus den Anforderungen, die das Verfassungsgericht stellt, jedenfalls ist das die Behauptung. Und die Frage ist einfach nur: Ist das, was dort vorgeschlagen wird, ausreichend, um diese Ziele zu erreichen? Der Konsens über diesen Ausgangspunkt besteht!

Was *umstritten ist, ist die Frage nach den Konsequenzen,* die sich *aus dem reinen werbungsfinanzierten Rundfunk* ergeben. Und das ist ein kleiner Exkurs, den ich einschieben möchte, um dann auf die Konsequenzen zu kommen. Und dieses sind Ableitungen, die ich sozusagen als Medienökonom anstelle, als jemand, der unter ökonomischen Aspekten die Entwicklung des werbungsfinanzierten Fernsehens analysiert. Ein Fernsehprogramm, das rein über Werbung finanziert wird, ist kein Programm, das an den Bedürfnissen oder dem Bedarf des Zuschauers orientiert ist, sondern es ist orientiert an den Wünschen und Zielvorstellungen der Werbetreibenden. Ökonomen in den USA haben gesagt: *Ein kommerzielles Fernsehprogramm hat die Aufgabe,* Zuschauerschaften zu produzieren, *nicht Programme zu produzieren, sondern Zuschauerschaften zu produzieren, die an die Werbetreibenden verkauft werden.* Dieses ist eine Rechnung in Tausenden von Zuschauern und in Dollar pro Minute. Dies ist eine ganz wesentliche Feststellung, weil hiermit sichtbar wird, daß die Zuschauerschaften interessant sind für die Werbetreibenden unter dem Gesichtspunkt der kaufkräftigen Nachfrage. Denn die Werbetreibenden wollen natürlich kaufkräftige Zuschauer erreichen, um ihre Produkte zu verkaufen. Das bedeutet, daß es in den USA durchaus vorkommen kann, daß eine Fernsehsendung, die eine große Zahl von Zuschauern hat, abgesetzt wird. Die Frage ist dann: ,,Warum wird sie abgesetzt? Sie scheint doch attraktiv zu sein." Die Antwort ist dann: ,,Die Analyse im Interesse der Werbetreibenden hat ergeben, daß das falsche Publikum vor dem Fernseher versammelt war." Beispiel: Es wird für ein Automobil der gehobenen Mittelklasse in einer bestimmten Sendung geworden — also die Werbeeinblendungen kommen von der Automobilindustrie —, und die Zuschauerforschung hat festgestellt, daß dieses Programm, in das diese Werbung eingeschaltet war, die Jugendlichen überproportional und überproportional ältere Mitbürger versammelt hat. Doch das ist nicht die kaufkräftige Nachfrage für dieses Automobil. Daran wird die enge Koppelung zwischen der Finanzierungsform und der Programmgestaltung sichtbar, die noch eine Reihe von Schritten weitergeht bis hin zur Dramaturgie von Sendungen. Wenn Sie einen Krimi in den USA verkaufen wollen, dann werden Sie mit der Frage konfrontiert: ,,Wie viele Höhepunkte kommen in dieser Sendung vor?" Und wenn Sie sagen: ,,Ja, meine Handlung ist so angelegt, daß sie sich ganz lange aufbaut und dann am Ende — nach 1 1/2 Stunden — da ist dann der große Höhepunkt, und dann ist die Lösung des Falles da", dann wird Ihnen eine kommerzielle Rundfunkanstalt des US-Fernsehens sagen: ,,Tut mir leid, das senden wir nicht. Das kaufen wir nicht." Und dann sagen Sie: ,,Wieso, ist doch eine gute dramaturgische Handlung, die will die Leute fesseln." Die Antwort lautet: ,,Sie ist nicht geeignet, um Werbeeinblendungen zu machen." *Unter dem Gesichtspunkt der Werbeeinblendung muß alle 6 Minuten ein Höhepunkt* der Handlung sein, damit die Aktivität der Zuschauer sich konzentriert auf das Programm, um dann diese Aktivität, diese Aufmerksamkeit zu übertragen auf die Werbung. Also liegt die Orientierung an der kaufkräftigen Nachfrage — eine Orientierung an Zuschauerschaften, die massenhaft kaufkräftige Nachfrage entfalten können, und damit eine Vernachlässigung von Rand- und Zielgruppen, die keine Kaufkraft entfalten können.

Die Produktion erfolgt bei allen diesen Programmen nach dem gleichen Muster: Sie werden alle über Werbung finanziert, und das bedeutet, daß die Programmsparten auch dann die gleichen sind, so daß das Ziel der qualitativen Vielfalt verfehlt wird. Es handelt sich um eine Produktion des ,,more of the same", d.h. alle Sendungen nach dem gleichen Prinzip, alle mit dem gleichen Inhalt.

Wenn man diese Tatbestände rein unter ökonomischen Gesichtspunkten betrachtet, dann ist die verfassungsrechtliche Zielsetzung einer qualitativen Vielfalt, daß alle Meinungen zu Wort kommen, daß alle Programmsparten vertreten sind und daß kulturelle Angebote mitvertreten werden usw., von diesen Programmen verfehlt. Ein weiterer Punkt kommt hinzu: Eine ökonomische Konkurrenzsituation zwischen einem öffentlich-rechtlichen Programm, das gemeinwohlorientiert sein soll, das Zielgruppeninteressen mitberücksichtigen soll, auch unabhängig davon, ob es sich dazu rechnet, und auf der anderen Seite, Konkurrenz durch ein kommerzielles Angebot, das sich an diesen Prinzipien nicht orientiert, sondern nach den eben geschilderten richtet. Eine derartige Konkurrenz ist als ruinöse Konkurrenz zu bezeichnen.

Wenn von Konkurrenz die Rede ist — und darum geht es bei den privatwirtschaftlichen Veranstaltern — ist es einhellige Meinung auch in der Bundesrepublik, daß privatwirtschaftlicher Veranstalter nicht heißen kann, daß es nur einen Anbieter gibt, einen Monopolisten, sondern es kann nur darum gehen, mehrere Anbieter zu haben. Nur unter diesem Gesichtspunkt ist Privatwirtschaft überhaupt gerechtfertigt. Konkurrenz hat nur einen Sinn — wie im Sport, so auch im ökonomischen Bereich —, wenn die gleichen Ausgangsbedingungen gegeben sind. Im Sport gibt es für alle Bereiche Klassen, die gebildet werden, um den Ausgang des Wettbewerbs offen zu gestalten. So ist es auch in bezug auf die ökonomische Konkurrenz: Wenn man überhaupt privatwirtschaftlichen Wettbewerb zuläßt — immer unter der Voraussetzung, damit die Funktionserwartungen der Verfassung erfüllen zu können, dann muß es unter gleichen Gesichtspunkten, gleichen Ausgangsbedingungen sein. Und diese Ausgangsbedingungen beziehen sich auf die Finanzierung und auf die Angebotsstruktur, denn die Angebotsstruktur entscheidet über die Kosten, und die Kostensituation ist ein ganz entscheidender Faktor für das Angebot.

Die erste Frage beim privatwirtschaftlichen Fernsehen ist also: ,,Wird es auf Dauer eine Vielzahl oder eine Mehrzahl von Programmanbietern tatsächlich geben?" Hier habe ich große Skepsis, ob im Rundfunkbereich eine Vielzahl tatsächlich vom Markt her gegeben ist, um Vollprogramme anbieten zu können. Ich bin aufgrund der Erfahrungen in den USA — aber auch in anderen Ländern — der Meinung, daß sich hier zwar zunächst mehrere Rundfunkveranstalter um eine Lizenz privatwirtschaftlicher Art bewerben, daß aber sehr schnell ein Konzentrationsprozeß einsetzen wird. Ein Konzentrationsprozeß, den wir in anderen Bereichen privatwirtschaftlicher Organisation, z.B. bei der Presse, auch erlebt haben, wo ein Teil der Finanzierung über die Werbung läuft und derjenige Unter-

nehmer, der das größte Anzeigenvolumen hat, immer den Vorsprung hat vor der Zweit-Zeitung — einen Vorsprung, der nicht mehr aufholbar ist. *Also die Frage ist: ,,Wird es hier zu einer hinreichenden Vielzahl von Anbietern kommen, die Wettbewerb überhaupt ermöglichen?''*
Die zweite Frage ist: ,,Reicht eine Vielzahl, wenn sie sich ergeben würde, oder werden die Prinzipien, die ich eben geschildert habe (Werbungsfinanzierung usw.), so stark durchschlagen, daß hier immer das gleiche angeboten wird und die inhaltliche qualitative Vielfalt sich nicht einstellt?'' Meiner Meinung nach sollte die Diskussion — wenn man sich schon auf ein privatwirtschaftliches Fernsehen einläßt — nicht so sehr über die Frage der Vielzahl laufen, weil man dort wahrscheinlich kaum gegen die Marktgesetzmäßigkeiten ansteuern können wird. Die Frage ist vielmehr, ob man auf andere Weise Strukturentscheidungen geben oder Voraussetzungen schaffen kann, die den Rahmen für eine Konkurrenz auf gleicher Basis geben. Ist es also möglich — wenn es darum geht, die Anforderungen der Verfassung zu erfüllen —, die Werbungsfinanzierung zu begrenzen, damit ruinöse Konkurrenz vermieden wird? Denn der eine Anbieter, der sich nur über Werbung finanziert, der sich auf massenattraktive Programme für kaufkräftige Zuschauer spezialisiert, ist mit dem anderen, der sich aus einem Gebührenaufkommen auch an Zielgruppen orientieren muß, nicht vergleichbar und nicht wettbewerbsfähig. Hier *muß also die Werbungsfinanzierung begrenzt* werden.
Ich halte es z.B. für denkbar, generell zu sagen: ,,Die Werbungsfinanzierung darf nicht mehr als einen bestimmten Betrag für ein Programm ausmachen!'' Also: Nicht 100 Prozent Programmfinanzierung über die Werbung, sondern sie muß auch z.B. zu 50 Prozent über Entgelte laufen.
Ein anderer Vorschlag wäre denkbar und weiter zu verfolgen: Über einen Werbepool nachzudenken. Über die Frage nämlich, ob man aus den Werbeeinnahmen einen Pool bildet, um dann *den* Anbietern in dem Programm, die nicht ihr Programm über die Werbung finanziert bekommen, eine Chance zu geben, hier mithalten zu können in der publizistischen Konkurrenz. Es geht darum, die publizistische Konkurrenz und nicht die Gewinne zu erhalten.
Es muß zulässig sein, Vorgaben für die Programmstruktur zu machen. (Was im übrigen auch bei kommerziellen Angeboten anderer Länder gemacht wird.) Es könnte Auflage sein, in den Programmen z.B. mindestens 1/3 Anteil der Sendezeit für Informationen zu verwenden. Man gäbe also Sparten vor, und jedes Programm müßte die Auflagen erfüllen, damit sich nicht ein Anbieter in der Konkurrenz sozusagen die Rosinen herauspicken könnte und die anderen das Schwarzbrot anbieten müßten. Das Hauptproblem in diesem Zusammenhang ist, wie diese Sparten definiert werden. Wer nimmt die Zuordnung vor, wer nimmt die Kontrolle vor? Mir scheint, daß wir mit den herkömmlichen Sparten — Information, Bildung und Unterhaltung — bei den öffentlich-rechtlichen Rundfunkanstalten wahrscheinlich nicht mehr weiterkommen werden. Die Ausdifferenzierung muß weitergehen. Denn wohin gehört z.B. Verbraucherinformation? Sie gehört zur Alltagsorganisation der Konsumenten, damit sie sich zurechtfinden im kommerziellen Angebot von Produkten. Ist dies allein Information? Gehört nicht auch der Bildungsbereich schon dazu? Deshalb brauchen wir eine stärkere Ausdifferenzierung. Dies muß man operational fassen können. Nur dann haben Leitsätze in Gesetzen, wie z.B. ,,Auch die kommerziellen Programme haben der

Bildung zu dienen", einen Sinn und müssen nicht Makulatur bleiben. Es muß darum gehen, daß die strukturellen Vorgaben auch durchgesetzt werden und kontrollierbar sind.
Hier ist die Überleitung zum Thema Kontrollgremien gegeben. Die Frage lautet: „In welchen ordnungspolitischen Rahmen der Kontrolle, der Überwachung — sozusagen durch die gesellschaftlich relevanten Kräfte — sind auch die kommerziellen Anbieter einzubetten?" Wobei ich ganz dezidiert dazu sage: „Der Rahmen kann rechtlich nur sein, daß die Prinzipien erstens für alle gleichmäßig gelten und daß es zweitens nicht staatliche Institutionen sind, die die Kontrolle durchführen, sondern der Grundsatz der Staatsferne gewahrt bleiben muß." Es kann also dann nur über eine Selbstverwaltung durch Gremien gehen.
Eine Festlegung darüber hinaus (z.B. zu einer bestimmten Tageszeit auch nur Angebote in einer bestimmten Sparte) halte ich für bedenklich, weil dann die Möglichkeit der Auswahl durch die Rezipienten beschränkt wird und weil man dann nicht mehr der Tatsache Rechnung trägt, daß es durchaus unterschiedliche Zeitpunkte geben kann, zu denen der einzelne auch ein bestimmtes Angebot nutzen will.
Vorgaben für eine gleiche Struktur der Programme sind rechtlich möglich, aber nicht die Festlegung.
Man kann eine Festlegung bestimmter Sparten in einem bestimmten Zeitintervall in Erwägung ziehen: So könnte man z.B. die Vorgabe machen, zwischen 17.00 und 20.00 Uhr mindestens eine Informationssendung über tagesaktuelle Nachrichten zu bringen.
Ich mache damit keine inhaltliche Auflage, ich mache eine Auflage in bezug auf die Struktur des Programms. Der andere Aspekt der Diskussion — dieser war verfassungsrechtlich abgeleitet unter dem Gesichtspunkt inhaltlicher Vielfalt durch ökonomische Konkurrenz — ist es, und das gilt im übrigen Bereich auch, daß der Wettbewerb sich nur im Rahmen der allgemeinen Gesetze zu bewegen hat. Das steht auch in Artikel 5 GG. Die Grundrechte der Informations-, Meinungs-, Presse- und Rundfunkfreiheit finden ihre Schranke an den Bestimmungen der allgemeinen Gesetze. Und dazu gehört der Jugendschutz, dazu gehört der Datenschutz usw. Die Frage ist nun: „Bis zu welchem Punkt können die allgemeinen Gesetze ausgedehnt werden?" Eine weitere Frage ist, ob es möglich ist, eine Ladenschlußgesetzvorstellung — ab einem bestimmten Zeitpunkt gibt es kein Angebot mehr, weil die Läden geschlossen sind — zu übertragen auf Rundfunkprogramme, so daß man sagte: „Zu einer bestimmten Zeit ist Programmschluß." Das wäre dann auch kein Eingriff in das einzelne Programm, sondern nur die Festlegung, daß ab einer bestimmten Uhrzeit nicht mehr angeboten werden dürfte. Auch da hätte ich — wenn es um so eine absolute Sendezeitbegrenzung ginge — Bedenken, würde aber meinen, daß dieses Problem entschärft würde, wenn es Spartenverpflichtungen gäbe, wenn es also hieße: „In bezug auf das Programm sind soundsoviel Prozent Informationssendungen oder soundsoviel Prozent als Bildungsprogramme auszugestalten." Dann bedeutete jede Verlängerung des Programms auch eine Verlängerung der Auflage in bezug auf diese Sendung. Von dort aus würden dann auch die Verpflichtungen für den einzelnen Anbieter größer.
Weiter wäre im Rahmen der allgemeinen Gesetze zu diskutieren, ob eine Überprüfung inhaltlicher Standards, die vorgegeben werden, möglich ist, also z.B. die

Überprüfung von Vorgaben, die das Thema Gewaltdarstellung angehen. Daß derartige Punkte zu diskutieren sind, ergibt sich z.B. aus der Fassung des § 14 des Entwurfs des schleswig-holsteinischen Mediengesetzes. Dort heißt es unter „Schutz von Kindern und Jugendlichen":
„Sendungen sind verboten, wenn sie Gewalttätigkeiten gegen Menschen in grausamer oder sonst unmenschlicher Weise schildern und dadurch eine Verherrlichung oder Verharmlosung solcher Gewalttätigkeiten ausdrücken oder zum Rassenhaß aufstacheln."
Hier werden Verbote ausgesprochen, die sich auf diese allgemeinen Gesetze beziehen. Die Grundfrage für die Diskussion ist, ob es genügt, solche Verbote aufzustellen oder ob nicht auch hier Strukturentscheidungen oder zumindest Überprüfungsmöglichkeiten gegeben sein müssen, um diese Verbote dann auch durchzusetzen. Denn es zeigt sich — jedenfalls für einen Teil dessen, was den Video-Boom ausmacht —, daß es offenbar Sendesparten gegeben hat, die bisher im öffentlich-rechtlichen Angebot nicht vorhanden gewesen, jetzt aber über den Videomarkt hinzugekommen sind. Auch hier meine ich, daß es auf die effektive Kontrolle durch Gremien ankommen muß. Es genügt nicht, solche Bestimmungen einfach in ein Gesetz zu schreiben. Doch diese Gremienentscheidungen müssen auch Sanktionsmöglichkeiten enthalten, d.h. es muß für die Kontrollgremien bei Verstößen die Möglichkeit gegeben sein, die Lizenz für den privatwirtschaftlichen Veranstalter zu entziehen.
Letzter Punkt: Die Problematik der Gremien. Wir haben gesehen, daß an mehreren Punkten — wenn hier effektive Kontrolle eingeführt werden soll — die Gremien von Bedeutung sind, denn der Staat — jedenfalls im Sinne einer Zensurbehörde — kann diese Kontrolle nicht ausüben. Dies gehört zu den grundlegenden Prinzipien der Medienorganisation: Die Staatsferne. Es kann also nur die gesellschaftliche Kontrolle durch Gremien sein, durch Vertreter der verschiedenen Gruppierungen. Die Fragestellung ist natürlich erstens die nach der Kompetenz dieser Gremien. Sie dürfen nicht nur die Alibifunktion haben, das abzusichern, was kommerziell ohnehin läuft. Es muß also die Möglichkeit gegeben sein, sich gegen kommerzielle Interessen durchzusetzen. Das ist der Punkt, der auch damals beim saarländischen Gesetz von Bedeutung war. Es war dort ein reines Beratungsgremium vorgesehen; es war kein Gremium, das wirklich Sanktionsmöglichkeiten hatte.
Und zweitens stellt sich die Frage nach der Zusammensetzung. Die Gefahr besteht, daß es ein gegenseitiges Ausbalancieren von verschiedenen gesellschaftlichen Kräften gibt, die sich dann auch gegenseitig blockieren und daß von dort aus gar keine Entscheidung zustandekommt, so daß letztlich aufgrund dieser Machtbalance auch keine effektive Ordnungspolitik erfolgt. Auch darüber müßte man im Detail diskutieren. Strukturentscheidung muß auch heißen, daß die Gremien effektiv Einfluß nehmen können. Nur dann kommen wir einen Schritt weiter. Das ist übrigens auch durch das FRAG-Urteil ganz klar festgelegt.
Zusammenfassend läßt sich feststellen: Medienordnungspolitik muß von folgenden Punkten ausgehen:
● *Orientierung an verfassungsrechtlichen Zielsetzungen,* kein reiner marktwirtschaftlicher Wildwuchs.
● *Verhältnismäßigkeit der Mittel.* Die Eingriffe oder die Rahmensetzungen, die ich hier geschildert habe, müssen begründet werden von den Gefahren her. Die

Gefahren sind aufgrund der Erfahrungen, die wir mit kommerziellen Rundfunkveranstaltungen im Ausland haben, gegeben und deshalb auch einsetzbar nach unserer Verfassungsrechtsordnung. Andererseits muß es einen Innovationsspielraum für die Anbieter geben. Das marktwirtschaftliche Prinzip kann sich nur entfalten, wenn es einen Innovationsspielraum gibt. Das heißt, es ist eine Balance zwischen diesen Rahmenbedingungen, zwischen der Zielsetzung, der Sicherung der gleichmäßigen Ausgangsbedingungen für den Wettbewerb auf der einen Seite und Innovationsspielraum auf der anderen Seite herzustellen.

- *Alle Rahmenbedingungen müssen sich an den Prinzipien der allgemeinen Gesetze orientieren.* Sie dürfen nicht speziell auf einzelne Programme zugeschnitten sein, und sie müssen auch das Zensurverbot beachten.

Prof. Dr. Hans D. Jarass:

Rechtliche Regelungen angesichts problematischer Wirkungen
— *Möglichkeiten und Grenzen* —

Als Verfassungsjurist tut man sich insoweit im medienrechtlichen Bereich etwas schwer: Das Feld ist einigermaßen abgegrast. Zumindest bei einer unvoreingenommenen Betrachtung der Dinge lassen sich keine aufsehenerregenden Thesen präsentieren. Das soll andererseits nicht heißen, daß rechtliche Aussagen für unser Gesamtthema uninteressant sind, im Gegenteil. Vorweg sollte ich vielleicht klarstellen, daß ich mich nicht mit den Neuen Medien schlechthin befasse, sondern nur mit solchen, die als Rundfunk im weitesten Sinne eingestuft werden können. Im übrigen orientiere ich meine Ausführungen an dem Fragenkatalog, der mir von der AGJ dankenswerterweise zur Verfügung gestellt wurde. Ein solcher Ausgangspunkt ist sehr nützlich, leidet doch die medienrechtliche Diskussion nicht selten darunter, daß sie über das Grundsätzliche nicht hinauskommt.

I. Grundlagen

Vorweg muß allerdings auch ich einige Anmerkungen allgemeiner Art machen: Die *verfassungsrechtliche Grundlage für die Freiheit der Medien,* insbesondere des Rundfunks, *bildet Art. 5 Abs. 1 S. 2 des Grundgesetzes,* eine Gewährleistung, die über ihren Wortlaut hinaus auch die Neuen Medien erfaßt. Für den Stellenwert dieser Garantie ist nun von *zentraler Bedeutung, daß das Bundesverfassungsgericht in ständiger Rechtsprechung dem Gesetzgeber bei ihrer Ausgestaltung einen weiten Spielraum einräumt,* jedenfalls was Rundfunksendungen angeht. Hinzugefügt werden muß, daß diese Ausgestaltungsmacht des Gesetzgebers nicht beliebig ist, sondern bestimmten Zielen zu dienen hat, vor allem der *Sicherung von Vielfalt und Ausgewogenheit.* Insgesamt hat dies zur Folge, daß die Betätigungsfreiheit von Privatpersonen im Bereich des Rundfunks trotz der verfassungsrechtlichen Freiheitsgarantie vom Gesetzgeber sehr weitgehend beschränkt, ja aufgehoben werden kann.

Diese Auffassung des Bundesverfassungsgerichts, die ich als zutreffend ansehe, ist im Schrifttum vielfach kritisiert worden. Viele meiner Kollegen glauben, daß die Verfassung eine großzügigere Zulassung Privater gebietet. So ist auch das dritte Fernsehurteil des Bundesverfassungsgerichts von vielen Staatsrechtslehrern kritisch besprochen worden. Wir haben hier nicht die Zeit, auf das Pro und Contra im einzelnen einzugehen. Im übrigen ist für die Praxis natürlich die Auffassung des Bundesverfassungsgerichts entscheidend, jedenfalls soweit zu erwarten ist, daß das Gericht auch künftig in ähnlicher Richtung Stellung beziehen wird. Und im Prinzip ist diese Erwartung sicherlich begründet.

Immerhin sollte nicht übersehen werden, daß die Zeiten für ein spezifisch deutsches Rundfunkrecht schwieriger werden. *Es ist damit zu rechnen, daß der Rundfunk zunehmend europäisiert und internationalisiert wird.* Dafür gibt es auch verfassungsrechtliche Anhaltspunkte: In Art. 5 des Grundgesetzes, der die Freiheit des Rundfunks garantiert, findet sich ein Satz, der besagt, daß jedermann das Recht hat, sich aus allgemein zugänglichen Quellen zu informieren. Dieser Satz ist in das Grundgesetz als Reaktion auf das Verbot im Dritten Reich gekommen, ausländische Sendungen abzuhören. Auch speziell für den deutschen Markt erstellte Sendungen, etwa deutschsprachige BBC-Programme, sollten jedermann zugänglich sein. Für unser Thema ist das deshalb bedeutsam, weil die neueren technischen Entwicklungen dazu führen werden, daß es immer einfacher für ausländische Rundfunkstationen wird, hier in der Bundesrepublik ihre Programme zu verbreiten. Ein Stichwort dazu ist das Satellitenfernsehen, mit dessen Hilfe auch weite Bereiche der jeweiligen Nachbarländer abgedeckt werden. Weiter ist damit zu rechnen, daß ausländische Fernsehstationen ihre Programme hier in der Bundesrepublik in Kabelnetze einspeisen. Lassen Sie mich das anhand des neuen Entwurfs eines niedersächsischen Landesrundfunkgesetzes erläutern: *Dieser Entwurf sieht vor,* mit Blick auf die eben erwähnte verfassungsrechtliche Informationsfreiheit, *daß jedes Rundfunkprogramm, das im Ausland zugelassen wurde,* anders als deutsche Rundfunkprogramme, *keiner Genehmigung bedarf,* sondern lediglich angezeigt werden muß. Es kann dann durch das Kabelnetzsystem verbreitet werden, ohne daß etwa das Ausgewogenheitsgebot zu beachten ist. Nun lassen sich insoweit sicherlich gewisse Vorkehrungen treffen. Ich selbst habe bei einer Anhörung des Niedersächsischen Landtags vorgeschlagen, solche ausländischen Programme einer Genehmigungspflicht zu unterwerfen, die primär für das bundesdeutsche Publikum produziert werden. Gleichwohl dürfte die Internationalisierung des Rundfunks die Rechtsprechung des Bundesverfassungsgerichts nicht ganz unberührt lassen. Jedenfalls Regelungen, die derart diffizil sind, daß sie jede internationale „Kompatibilität" bereits im Ansatz zunichte machen, werden besonders sorgfältig auf ihre Erforderlichkeit abgeklopft werden.

II. Jugendschutzklauseln

Damit komme ich zu der ersten Frage: „Welche Formulierung der Programmgrundsätze kann am ehesten einen praktikablen Maßstab für die Bewertung von Sendeinhalten abgeben?" Die Frage zielt im Hinblick auf unser Oberthema „Jugendschutz" darauf ab, mit welchen Formulierungen wir in Mediengesetzen sicherstellen können, daß die Gefahren für die Jugendlichen, die von den elektronischen Medien ausgehen, möglichst begrenzt werden. Die alten Rundfunkgesetze haben es sich insoweit relativ leicht gemacht. Sie haben, wenn überhaupt, einfach festgelegt, daß die Vorschriften über den Jugendschutz zu beachten sind. Und man dachte, damit sei alles abgedeckt.

Neuere Entwürfe sind insoweit schon vorsichtiger und haben eine Art *Generalklausel* aufgenommen, etwa der vorletzte Entwurf des baden-württembergischen Landesmediengesetzes. Angelehnt an § 6 Abs. 3 des Gesetzes zum Schutze der Jugendlichen in der Öffentlichkeit, wird dort im wesentlichen festgelegt, daß Sendungen nicht ausgestrahlt werden sollen, die Kinder oder Jugendliche in ihrer Entwicklung gefährden. Solche Regelungen beschränken auch die Erwachsenen auf kindgerechte Programme, was wohl etwas zu weit geht. Der neueste Entwurf in Baden-Württemberg und der Entwurf in Niedersachsen nehmen daher eine differenzierende Regelung vor: Sie sehen zwar eine Generalklausel zum Schutze der Jugendlichen vor, versuchen aber zusätzlich abzustufen, vor allem in zeitlicher Hinsicht. Gefährliche Sendungen können etwa erst am späten Abend ausgestrahlt werden. Baden-Württemberg hat zusätzlich eine Kodierung vorgesehen. Das heißt, jugendgefährdende Sendungen dürfen nur mit einer Kodierung ausgestrahlt werden, können also allein von demjenigen abgerufen werden, der den Code kennt, in der Hoffnung, daß die Kinder nicht so intelligent sind und den Code herausbekommen. Wie Ihre Heiterkeit andeutet, meine Damen und Herren, ist der Nutzen solcher Regelungen eher beschränkt. Wenn man sich aber davon nicht sehr viel erwarten darf, stellt sich die Frage, was wir sonst tun können.

III. Regelungen des Programms

1. Regelungen zu den Programmarten

Die naheliegendste Überlegung ist die, weitere und genauere Regelungen zu schaffen, die sich auf das Programm beziehen. Und eine ganze Reihe von Fragen, die mir gestellt wurden, zielen in diese Richtung. Kann man etwa anordnen, daß ein bestimmter Anteil des Programms aus Informations- und Bildungssendungen bestehen muß? Kann man anordnen, daß es sendefreie Zeiten gibt, etwa Nachmittage, oder andere Zeiten, zu denen Kinder hauptsächlich fernsehen? Kann man anordnen, daß zu bestimmten Zeiten nur bestimmte Programmarten ausgestrahlt werden können, etwa von acht bis Viertel nach acht nur Nachrichten, damit ein Umschalten auf andersartige Programme ausgeschlossen ist? Ich kann mich mit diesen Vorschlägen hier nicht im einzelnen auseinandersetzen; das würde zu lange dauern. Zusammengefaßt würde ich sagen, daß *aus verfassungsrechtlicher Sicht* erhebliche Skepsis angebracht ist. Die Bedenken werden dabei nicht in jedem Falle durchgreifen; doch lassen sie programmartenbezogene Richtlinien als eher weniger hilfreiches Instrument erscheinen.

Einmal greifen diese Regelungen, zum Teil sehr empfindlich, in die Programmfreiheit ein. Das allein besagt allerdings noch nichts Abschließendes. Die Medienfreiheiten weisen eine ausdrückliche Jugendschutzklausel auf, die auch Programmeinschränkungen legitimieren kann. Zudem haben wir das erwähnte Ausgestaltungsrecht des Gesetzgebers. Doch schießen solche Regelungen erheblich übers Ziel hinaus, wenn man allein den Jugendschutz im Auge hat; es werden gleichzeitig noch andere Bereiche erfaßt. Meine verfassungsrechtlichen Bedenken stützen sich zudem noch auf andere Gesichtspunkte: Vor allem bestehen m.E. erhebliche Zweifel, ob derartige Regelungen wirklich geeignet sind, die Gefahren zu bannen, die man bannen will, und zum anderen, ob derartige Regelungen effektiv ausgestaltet werden können. Beides ist bei Regelungen, die so empfindlich in die Programmfreiheit eingreifen, von großer Wichtigkeit.

Das erste hängt sehr eng mit dem Punkt zusammen, den ich vorher erwähnt habe: Die Europäisierung und Internationalisierung des Rundfunkmarktes wird zu einer Konkurrenz deutscher und ausländischer Programme führen. *Programmbezogene Regelungen des deutschen Rundfunkrechts,* wie sie angesprochen wurden, *lassen sich* aber *kaum auf ausländische Programme erstrecken.* Man wird daher überlegen müssen, ob es nicht mildere Instrumente gibt, mit denen sich die angestrebten Ziele ebenfalls erreichen lassen, die aber auf ausländische Programme erstreckt werden können. Ein solches alternatives Instrument sind etwa die Werbebeschränkungen, worauf ich noch zurückkommen werde.

Ein zweites, noch gewichtigeres Problem mit programmbezogenen Regelungen ist das der Durchsetzung, sieht man einmal von der zeitlichen Begrenzung des gesamten Programms ab. Wenn bestimmt wird, daß erst ab 16 Uhr gesendet werden darf, ist dies relativ leicht zu kontrollieren; zudem kann das auch von einer staatlichen Stelle erledigt werden, weil es inhaltlich keinen Spielraum gibt. Die Durchsetzung der sonstigen Programmregelungen ist dagegen ein außerordentlich schwieriges Unterfangen. Warum? Wenn eine staatliche Kontrollinstanz solche Programmgrundsätze mit Vehemenz durchsetzt, landet sie sofort im Bereich des Zensurverbots und in der zu weitgehenden Intervention des Staates im Medienbereich. Geht sie relativ milde vor, dann sind die Programmsätze weitgehend wirkungslos. Nähere Untersuchungen aus dem amerikanischen Bereich haben zudem gezeigt, daß selbst eine Programmkontrolle durch eine unabhängige Instanz wenig wirkungsvoll ist. Wenn man daher irgendwelche programmbezogenen Regelungen fordert, etwa einen Mindestanteil für Information und Bildung, dann sollte man vor allen näheren inhaltsbezogenen Überlegungen zuerst die Frage beantworten, wie eine solche Vorschrift wirksam durchgesetzt werden kann. Darin liegt m.E. das entscheidende Problem. Welches Gremium wird etwa effektiv in der Lage sein, einen ausreichenden Anteil von Informations- und Bildungssendungen zu gewährleisten. Eine staatliche Instanz kann dies nicht machen, weil diese wegen der hohen Unbestimmtheit solcher Regelungen zuviel Einfluß auf den Rundfunk bekäme. Unabhängige Stellen sind häufig wenig effektiv. Denken Sie an die jetzigen Aufsichtsgremien der Rundfunkanstalten, deren Effekt allgemein recht gering eingeschätzt wird.

2. Gewalt

Weiter ist mir die Frage gestellt worden, ob man Gewalt in Fernsehsendungen verbieten kann. Auch hier handelt es sich um eine programmbezogene Regelung, doch sind die Schwierigkeiten insoweit etwas geringer. Natürlich kann man Gewalt nicht schlechthin verbieten. Sonst gäbe es keine Western, keine Krimis und keine Tagesschau. Aber so war die Frage auch nicht gemeint. Sie zielt eher auf eine Regelung wie der des Straftatbestandes des § 131 StGB, der ganz konkrete Formulierungen enthält. Schleswig-Holstein hat diese Formulierung übernommen und einige andere Landesrundfunkgesetze auch. Insoweit sehe ich keine verfassungsrechtlichen Bedenken.

3. Werbung

Ein letzter programmbezogener Punkt ist die Beschränkung der Werbung. Hier sind die Möglichkeiten verfassungsrechtlich am besten. Prof. Dr. Lange hat zu dieser Frage bereits eine Vielzahl von Argumenten vorgetragen. Vielleicht das wichtigste besteht darin, daß die Werbung einen enormen Konzentrationsdruck auslöst bzw. die Vielfalt, die man sich gerade vom privaten Fernsehen erhofft, nicht herstellen wird, wenn man voll durch Werbung finanzierte Rundfunkanstalten zuläßt. Dazu kommen eine Reihe anderer Gesichtspunkte. Einer, der vor allem in unserem Zusammenhang interessiert: *Werbefernsehen ist für Kinder besonders problematisch*. Die *Scheinwelt* des Fernsehens *wird* dort *potenziert;* andererseits sind Kinder an Werbesendungen, dies hat sich empirisch gezeigt, häufig mehr interessiert als an den inhaltlichen Sendungen. Das alles scheint verfassungsrechtlich sogar ein generelles Werbeverbot möglich zu machen, wenn auch nicht übersehen werden darf, daß ganz ohne Werbung im Bereich der Neuen Medien sich nicht viel tun wird. Die Werbung bildet die wichtigste Finanzierungsquelle. Der Ansatz, wie er im baden-württembergischen Entwurf gewählt worden ist, 5 Prozent bzw. 8 Prozent der Sendezeit, dürfte daher ein verfassungsrechtlich zulässiger und auch verfassungspolitisch sinnvoller Vorschlag sein.

IV. Organisation

Wichtiger als inhaltsbezogene Vorschriften erscheinen mir Regelungen zur Organisation und noch wichtiger solche zur Finanzierung zu sein. Die (privaten) Unternehmer, die Rundfunkprogramme anbieten, werden mir da sehr schnell zustimmen, insbesondere was den zweiten Punkt angeht. Bleiben wir zunächst bei der Organisation.

1. Pluralität

Auch hierzu sind mir einige Fragen gestellt worden. Wie kann man die Pluralität sichern? Es wurden zwei Stichworte vorgegeben: Anbieterzahlen und Anschlußquoten. Das sind in der Tat die beiden Stichworte, die der baden-württembergische Medienentwurf aufgegriffen hat. Für die Sicherung der Außenpluralität scheint mir jedoch ein anderes Stichwort wichtiger zu sein, ein Stichwort, das schon angesprochen wurde, aber auch in diesem Zusammenhang bedeutsam ist. Die Sicherung der Außenpluralität und damit die Gewährleistung einer Vielfalt von Sendern mit unterschiedlichen Programmen und Tendenzen hängt entscheidend davon ab, wieviel Werbung wir zulassen. Ein *rein werbefinanziertes Fernsehen wird dazu führen, daß wir nur wenige Vollprogramme haben werden.* Selbst wenn wir technisch die Möglichkeit von 30 Kanälen haben, werden wir wahrscheinlich in der Bundesrepublik lediglich zwei bis drei Vollprogramme benutzen können, möglicherweise auch weniger. Und dann ist es mit der Außenpluralität nicht sehr weit her. die Begrenzung der Werbung ist daher ein außerordentlich wichtiger Punkt und darf nicht nur optisch erfolgen. Wenn etwa in Niedersachsen vorgesehen ist, daß 20 Prozent der Sendezeit aus Werbung bestehen können, liegt das ohnehin an der Grenze dessen, was von Zuschauern noch akzeptiert wird. Die Grenze muß sehr viel niedriger angesetzt werden. Und dies ist, wie Prof. Dr. Lange bereits ausgeführt hat, auch verfassungsrechtlich geboten. Das Bundesverfassungsgericht hat im FRAG-Urteil ausdrücklich dargelegt, daß der Gesetzgeber *Vorkehrungen zur Sicherung der Vielfalt* treffen muß, auch für das außenpluralistische Modell. Man darf also *nicht auf den Markt und den Wettbewerb allein vertrauen, sondern muß strukturelle, organisatorische Vorkehrungen treffen.* Die großzügige Zulassung von Werbung wird dem nicht gerecht.

2. Gremienkontrolle

Eine weitere Frage zur Organisation ist die, wie man die Gremienkontrolle verbessern kann. Das ist ein Problem, mit dem sich die Rundfunkrechtler seit langem beschäftigen. Die Effektivität der Kontrolle durch die Rundfunkaufsichtsgremien wird ja allenthalben als unzureichend beklagt. Da verschiedene Gesetzentwürfe für die Neuen Medien den Einsatz solcher Gremien auch dort vorsehen, stellen sich die Fragen: „Wie können wir erreichen, daß die Kontrolle effektiver ist? Müssen wir andere Gruppen hineinschicken, oder was können wir sonst machen?" Das entscheidende Stichwort in diesem Zusammenhang ist m.E. das der *Professionalisierung.* Solange diese Gremien mit Leuten besetzt sind, die das nebenberuflich machen, wird man von diesen Gremien nicht viel erwarten können. Rechte, die diesen Gremien eingeräumt werden, werden nicht wirklich genutzt. Andererseits ist es nicht machbar, alle Vertreter der verschiedenen gesellschaftlichen Gruppierungen zu hauptamtlichen Gremienmitgliedern zu machen. Die Lösung wird daher so aussehen müssen, wie das in verschiedenen Ländern bereits vorgemacht wird und wie das auch der baden-württembergische Entwurf vorsieht: Es ist eine *hauptberufliche Kommission* mit hauptberuflich besetzten Mitgliedern erforderlich, die von den Aufsichtsgremien gewählt werden. Bei derartig hauptberuflich tätigen Personen ist sehr viel eher zu erwarten, daß sie die Kontrolle effektiv ausüben. Alles andere, was man zur Stärkung der Gremienkontrolle tut, scheint mir demgegenüber sekundär. Notwendig sind Personen, die in der Kontrolle ihre persönliche Aufgabe sehen. Wenn man darauf verzichtet, sind Aufsichtsgremien nicht ganz nutzlos, aber ihr Einfluß wird immer sehr begrenzt sein.

3. Außenkontrolle

Eine weitere Frage zur Organisation ist die nach der Außenkontrolle mit Rügerecht. Wenn wir die verschiedensten Veranstalter zum Rundfunk zulassen, wird es immer wieder passieren, daß sie gegen Vorschriften verstoßen, etwa gegen das Gebot, genügend Information zu bieten oder ausreichend ausgewogen zu sein etc. Dann stellt sich die Frage, wie man dafür sorgen kann, daß diese Veranstalter den gesetzlichen Vorschriften gerecht werden. Und vor allem: „Wer kann das kontrollieren?"
Staatlichen Stellen ist eine solche Kontrolle in all den Fällen von Verfassungs wegen versperrt, in denen die entsprechenden materiellen Vorschriften vergleichsweise unbestimmt sind. Anderenfalls erhält der Staat mittelbare Einflußmöglichkeiten auf die entsprechenden Programme, was der verfassungsrechtlichen Staatsfreiheit des Rundfunks widersprechen würde. Die meisten Programmvorschriften sind aber recht unbestimmt.
Wenn insoweit unter Fachleuten weitgehend Einigkeit besteht, zeigen sich unterschiedliche Auffassungen, wenn man einen Schritt weitergeht: Kann die Kontrolle von einer unabhängigen öffentlich-rechtlichen Kommission durchgeführt werden; kann sie den einzelnen Veranstaltern Weisungen erteilen? Von einer Reihe von Juristen wird dies abgelehnt, mit dem Argument, dies sei Zensur. Eine solche Anstalt sei als öffentlich-rechtliche Einrichtung dem Staat zuzurechnen, auch wenn sie selbständig verfaßt ist. Ganz anders sehen diese Autoren die Konstellation, wie wir sie bei den bestehenden Rundfunkanstalten haben: Das Kontrollgremium wird als Teil der Rundfunkanstalt angesehen, auch wenn seine Wurzeln außerhalb liegen. Das sei deshalb eine nur interne Kontrolle und also zulässig. Diese so unterschiedliche Bewertung ist schon deshalb fragwürdig, weil die Übergänge fließend und steuerbar sind. Durch eine geschickte organisatorische Zuordnung und Bezeichnung wird ein Kontrollgremium der Anstalt zugerechnet, mit der Folge der lediglich internen Kontrolle, selbst wenn in dem Kontrollgremium allein gesellschaftliche Gruppen vertreten sind. Wird das gleiche Gremium als selbständige Einrichtung ausgestaltet, soll die Kontrolle plötzlich nicht mehr zulässig sein. Das kann nicht überzeugen; die richtige Lösung muß anders ansetzen. M.E. kommt es darauf an — ich darf dies ein bißchen vage formulieren —, ob das Kontrollgremium eigene publizistische Interessen vertritt. Solche eigenen publizistischen Interessen hat jede einzelne gesellschaftliche Gruppe, weshalb

ein Kontrollgremium nicht in der Hand *einer* gesellschaftlichen Gruppe liegen darf. Publizistische Interessen hat weiterhin die Regierung, weshalb weder sie noch eine von ihr abhängige Verwaltungsbehörde das Kontrollgremium beherrschen darf. Demgegenüber hat eine speziell zur Überwachung geschaffene Kontrollkommission keine eigenen publizistischen Interessen; ihr kann daher eine *Außenkontrollbefugnis mit Rügerecht* eingeräumt werden.

4. Selbstkontrolle

Eine letzte Frage zur Organisation: „Könnte man nicht nach dem Vorbild der freiwilligen Selbstkontrolle der Presse auch bei den Rundfunkanstalten eine solche Kontrolle vorsehen, und sie, so heißt es in der Frage, mit einem Kontrahierungszwang, also einer Beteiligungspflicht für Neuanbieter verbinden? Soweit eine freiwillige Selbstkontrolle wirklich freiwillig ist, läßt sich dagegen verfassungsrechtlich nicht viel einwenden. Wenn sie aber mit einem Beteiligungszwang verbunden wird, dann ist es keine freiwillige Selbstkontrolle mehr, und dann entstehen erhebliche verfassungsrechtliche Bedenken. Eine wichtige Rolle spielt dann, durch wen dieses Gremium beherrscht wird. Ich würde eine solche Lösung im übrigen auch verfassungspolitisch eher ablehnen.

V. Finanzierung

Damit komme ich zum letzten Themenbereich, der für mich, wie ich bereits angedeutet habe, der wichtigste ist: Die Finanzierung. Dies wird nicht selten übersehen; Möglichkeiten und Gefahren der Neuen Medien hängen entscheidend mit den programmlichen Inhalten zusammen, weshalb es naheliegt, durch Programmvorschriften etwaige Probleme zu erfassen. Gleichwohl werden sich für die Neuen Medien nicht die Programmvorschriften als prägend erweisen, sondern die Art und Weise der Finanzierung.

1. Pauschalentgelte

Dazu sind mir zwei Fragen gestellt worden: Zum einen, ob es möglich ist, Pauschalentgelte einzuführen, mit dem Ziel, die Finanzierbarkeit auch wenig massenattraktiver Programme sicherzustellen. Insoweit scheint mir verfassungsrechtlich ein großer Spielraum zu bestehen. Vielleicht ist es aber eine noch bessere Lösung, den Werbekuchen aufzuteilen. Die Erlöse aus der Werbung sollten nur zum Teil dem Veranstalter zufließen, dessen Programme die Werbung enthalten. Zum Teil könnten sie anderen Veranstaltern zugute kommen. Ein solcher Ansatz ist verfassungsrechtlich günstiger einzustufen als eine Pauschalierung der Entgelte, da er bessere Möglichkeiten zur Individualisierung der Kommunikation bietet. Bei ihm kann hinsichtlich jeder Sendung oder zumindest jedes Programms der Zuschauer entscheiden, ob er es bestellen und bezahlen will oder nicht. Das entspricht den Zielen der verfassungsrechtlichen Informationsfreiheit. Wenn man Pauschalentgelte einführt, geht diese Möglichkeit verloren.

2. Staatliche Aufsichtspflicht

Aus ihrem Kreise wurde mir weiterhin die Frage gestellt, ob es eine gewisse Pflicht des Staates gibt, für eine ausreichende Finanzierung solcher Veranstalter zu sorgen, die über unzureichende Finanzmittel verfügen. Diese Frage kann mit einem — wenn auch sehr vorsichtigen — Ja beantwortet werden. Das Bundesverfassungsgericht hat im FRAG-Urteil ausgeführt, daß es nicht genügt, wenn der vom Gesetzgeber geschaffene Organisationsrahmen lediglich die theoretische bzw. rechtliche Chance für jede gesellschaftliche Gruppe eröffnet, im Rundfunk zu Worte zu kommen. Wenn dazu nach dem betreffenden Rundfunksystem finanzielle Mittel erforderlich sind, ist dies kein alleiniges Problem der Betroffenen. *Im Rundfunk müssen nicht nur alle relevanten Gruppen zu Worte kommen können, sie müssen tatsächlich zu Worte kommen.* Wenn daher relevante größere Strömungen in unserer Gesellschaft keine Chance finden, sich im Rundfunk zu artikulieren, dann besteht zumindest eine objektiv rechtliche Pflicht des Staates, für die notwendigen tatsächlichen Voraussetzungen zu sorgen.

3. Werbefinanzierung

Zum Schluß muß ich auch in diesem Zusammenhang nochmals auf einen Gesichtspunkt zu sprechen kommen, der gerade für die Finanzierung von zentraler Wichtigkeit ist. Ich meine die Werbung, die geradezu einen Schlüssel zu Stellenwert und Eigenart neuer Rundfunksendungen bildet. Ich habe bereits eine Reihe von Gründen vorgetragen, warum eine Begrenzung der Werbung verfassungsrechtlich geboten ist. Lassen Sie mich an dieser Stelle nur noch darauf hinweisen, daß eine deutliche Werbebegrenzung dem Pay-TV, das dem Zuschauer einen finanziellen Einfluß auf jede Sendung einräumt, eine größere Chance gibt. Zudem erhalten auch von Anbietern selbst finanzierte Programme eine größere Chance. Wie die amerikanische Erfahrung zeigt, kommen Pay-TV und eigenfinanzierte Programme nicht über eine Randexistenz hinaus, wenn sie mit voll durch Werbung finanzierten Programmen konkurrieren müssen.

VI. Stellenwert verfassungsrechtlicher Aussagen

Zum Schluß, meine Damen und Herren, muß ich meine Aussagen noch etwas relativieren bzw. in einen größeren Zusammenhang stellen. Die Bewertung künftiger Rundfunksendungen hängt von einer ganzen Reihe von Faktoren bzw. Variablen ab. Die verfassungsrechtliche Beurteilung kann dabei nur das Gesamtbild betreffen. Einzelne Faktoren zu isolieren, ist daher problematisch. Die Beurteilung eines Faktors hängt regelmäßig davon ab, wie die anderen ausgestaltet sind. Lassen Sie mich das an einem Beispiel illustrieren: Wenn man etwa, was die Werbefinanzierung angeht, großzügig ist, dann ist die Ausgewogenheit entschieden gefährdet. Wenn wir aber an einer Vielzahl anderer Stellen effektive Sicherungen für die Ausgewogenheit einbauen, sieht die verfassungsrechtliche Beurteilung anders aus. Und umgekehrt ist es so, daß die Begrenzung der Werbung sehr weit gehen muß, wenn — wie etwa beim Niedersächsischen Entwurf eines Rundfunkgesetzes — andere Elemente vorhanden sind, die die Ausgewogenheit gefährden. So führt eine Begünstigung der Presseverleger bei der Zulassung von Programmen, etwa wegen des Know-hows der Presse, zu einer Reduzierung der Konkurrenz zwischen Presse und Rundfunk. Die verfassungsrechtlichen Anforderungen an die Begrenzung der Werbung reichen dann sehr viel weiter. Und so ist es letztlich bei allen diesen Fragen. Sofern man nicht, wie das im medienrechtlichen Bereich durchaus geschieht, die eigene politische Meinung in juristische Termini umgießt, tut man sich schwer festzustellen, daß dieser oder jener Faktor bereits für sich betrachtet verfassungsrechtlich unhaltbar ist. Sehr häufig kommt es darauf an, wie die verschiedenen Faktoren zusammenspielen. Etwas allgemeiner läßt sich sagen, daß die Verfassung keine bestimmte Ordnung für die Neuen Medien vorschreibt. Das schließt aber andererseits nicht aus, daß bestimmte Entwürfe mit der Verfassung nicht zu vereinbaren sind.

Prof. Martin Furian:

Kinder und Jugendliche vor dem Bildschirm
— *Hilfen zum Umgang mit dem Medium* —

Wenn ich über Fragen des Umgangs mit Neuen Medien sprechen soll, also zu Erziehungsfragen, dann muß zunächst etwas darüber gesagt werden, ob eine solche Erziehung überhaupt erforderlich ist. Erziehung brauchte bezüglich der Neuen Medien nicht gezielt zu erfolgen, wenn sie kein Problem darstellten. Obwohl es nicht zu meinem Thema gehört und ich darauf nicht vorbereitet bin, werde ich also aus dem Stegreif einiges zu den Wirkungen sagen, weil es im Programm der Tagung nicht enthalten war. Ich habe mich eben mit den Veranstaltern darüber abgestimmt. Ich möchte dadurch verdeutlichen, warum Erziehung auf dem Gebiet der Neuen Medien unerläßlich ist. In der Kürze der Zeit muß das freilich bruchstückhaft bleiben.

Eine Bemerkung am Anfang: Ich werde nichts speziell über die Wirkung der alten Medien sagen. Sie spielt aber natürlich mit hinein, denn alte Medien plus Neue Medien sind eigentlich das Problem, also gerade *die Summe der Medieneinflüsse ist das Problem*. Wenn ich Medienwirkungen anspreche, dann referiere ich natürlich kein Thema der Naturwissenschaften. Die Beweisbarkeit meiner Aussagen ist deshalb von anderer und deshalb auch für viele Menschen von schwerer nachzuvollziehbarer Qualität. Manche Aussagen, etwa über die Wirkungen des Fernsehens auf Kinder — so wird mir oft entgegengehalten — stehe im Gegensatz zu der Erfahrung der Zuhörer mit den eigenen Kindern. Gerade Politiker sagen das gerne. Das Argument mag stimmen, aber meine Argumentation über die Wirkungen wird deswegen in keiner Weise entkräftet. Beispiel: In unserem Hause wohnt ein sechzehnjähriger Mopedfahrer, der grundsätzlich — seit zwei Jahren fährt er schon Moped — beim Mopedfahren keinen Helm trägt. Er hat schon viele Mopedunfälle hinter sich, und er lebt immer noch. Es wäre doch nur eine Scheinlogik, zu sagen, Helme sind überflüssig. Das ist die gleiche Scheinlogik, wenn festgestellt wird: „Meine Kinder sehen sehr viel fern, ich beobachte an ihnen keine negativen Veränderungen." Aus diesem Beispiel wird deutlich, daß im Bereich der Sozialwissenschaften Aussagen möglich und beweisbar sind, die auf Gruppen zielen, ohne Wirkung auf konkrete, einzelne Menschen voraussagen zu können. Ähnlich verhält es sich auf gesundheitlichem Gebiet: Beispielsweise kann bezüglich der Raucher festgestellt werden, daß soundsoviel Prozent der Raucher gefährdet sind, in dieser oder jener Weise zu erkranken, aber es kann nicht vorhergesagt werden, welche konkrete Person das ist. Und genau das ist das Problem, auf das man als Sozialwissenschaftler eigentlich immer stößt, wenn es um Fragen der Beweisbarkeit geht. *Es wird oft der Beweis im naturwissenschaftlichen und nicht im sozialwissenschaftlichen Sinne gefordert.* Dieses mußte kurz vorangestellt werden, damit die folgenden Aussagen verständlicher werden.

Die *Auswirkungen* sind vor dem heutigen sozialen Hintergrund zu sehen, ebenso wie die Folgerungen nicht losgelöst von diesem Hintergrund betrachtet werden

können. Ich möchte mich hier gern auf einige Auswirkungsbereiche beschränken, aber zumindest auch andere Auswirkungen nennen:
— Auswirkungen auf den einzelnen Menschen
— Auswirkungen auf das soziale Zusammenleben
— Auswirkungen auf das politische Geschehen
— Auswirkungen auf die Medienlandschaft
— Auswirkungen auf die wirtschaftliche und finanzielle Situation.
Die letzten drei Punkte werde ich hier vernachlässigen.
Eine erste Feststellung: Mehr Angebot führt zu mehr Konsum. Das Entscheidende dabei ist die Ausdehnung der Ausstrahlungszeit. Insofern haben die bestehenden Medien den Sündenfall durch die Einführung des Vormittagsprogramms eingeleitet. Dieser Mehrkonsum ist vor allem bei Menschen mit viel disponibler Zeit, also bei Rentnern, Hausfrauen und Kindern, zu beobachten sowie bei Menschen mit wenig Eigeninitiative, mit wenig Eigenaktivität. Es wird von Kindern etwa 20 Prozent mehr gesehen, als das bei einer Nichtausweitung des Programms der Fall wäre. Das Problem liegt darin, daß durch die Ausweitungen immer mehr Menschen zu Vielsehern werden. Vielseher aber sind gefährdete Menschen, nicht die gelegentlichen Seher. In der Forschung werden Menschen als *Vielseher* bezeichnet, die *mehr als drei Stunden täglich* Programm-Medien nutzen. Diese Definition ist aber natürlich viel zu grob. Es ist doch ein Unterschied, ob ein Erwachsener oder ein Kind mehr als drei Stunden sieht. Also, wir werden sagen müssen, daß wir bei Vorschulkindern etwa die Grenze des Vielsehens ab einer Stunde täglich ansetzen müssen.
Vielsehen wird durch ungünstige soziale Verhältnisse, durch Beziehungsverarmung und Beziehungs- bzw. Zuwendungsstörungen begünstigt. Bei Kindern wird es auch begünstigt durch den *Einsatz des Fernsehens als Erziehungsmittel*, was in sehr vielen bundesrepublikanischen Familien geschieht, also zur *Belohnung* und zur *Bestrafung*.
Manche Folgen des Vielsehens stehen in einem engen Zusammenhang mit Aussageinhalten, also mit dem Inhalt dessen, was konsumiert wird. Es wäre jedoch falsch, zu meinen, Schädigungen erwüchsen nur aus der Programmqualität, allein die Menge kann sich negativ auswirken. Quantitäten schlagen nicht nur auf Menschen an irgendeinem Punkt in neue Qualitäten um. Wer sich im Sommer in die schöne, warme Sonne legt, wird nach einigen Stunden an seinem Körper eine Qualitätsveränderung feststellen. Und wer sechs Gläser vorzüglichen Weines trinkt, an dem wird ebenfalls eine Qualitätsveränderung deutlich. Auch der Vielsehende ist solchen Qualitätsveränderungen ausgesetzt; unabhängig von der Sendungsqualität, unabhängig von dem, was gesendet wird, alleine von der Menge her. Ich möchte einige Folgen nennen, um zumindest dieses Problem angerissen zu haben:

— *Kontaktmöglichkeiten* werden eingeschränkt, die Gespräche vermindern sich und werden in ihren Inhalten eingeengter, die Initiative wird eingeschränkt bzw. gelähmt, die Abhängigkeit von Medien wird verstärkt bis hin zu einer *suchtartigen Bindung*. Ich weiß nicht, ob Sie diese Berliner Untersuchung „Vier Wochen ohne Fernsehen" kennen. Freiwillig hatten zwei Familien vier Wochen auf den Fernseher verzichtet. Die Ergebnisse: Langeweile, Ehekrisen, Unzufriedenheit. Die Aussage einer Frau: „Wenn er doch endlich wieder da wäre — es geht nicht ohne ihn." Mit aller Deutlichkeit wird die suchtartige Bindung deutlich.

— Bei Kindern wird das *Spiel* und damit die *Persönlichkeitsentfaltung gehemmt* und das sprachliche Ausdrucksvermögen eingegrenzter. Das sprachliche Ausdrucksvermögen, und zwar weniger der Wortreichtum als vielmehr die *Formulierungsfähigkeit* ist eingeschränkt, was Hundertmark in den fünfziger Jahren untersucht hat und jetzt wieder in neueren amerikanischen Untersuchungen gezeigt wird.
— Ferner wird die *Bewegung eingeschränkt* mit allen daraus erwachsenden Schäden.
— Die *Angst wird gefördert*, weil man nicht mehr den Mut zur Auseinandersetzung und zur Zuwendung dem Fremden gegenüber entwickelt.
— *Die Entwicklung von Kreativität und Phantasie wird generell durch audiovisuelle Medien stärker beeinträchtigt.* Wenn ich z.B. den Satz lese: ,,Ein Mann sitzt an einem schönen geschnitzten Schreibtisch und liest in einem Bildband'', muß die Phantasie einsetzen. Ich muß mir den Schreibtisch, den Mann, den Bildband vorstellen. Wenn ich es im Fernsehen sehe, brauche ich mir nichts mehr vorzustellen, es ist alles fertig. Zumindest in Teilen ist die Phantasie nicht mehr gefragt. Natürlich ist sie aber gefragt, wenn das Geschehen auf die realen Lebensverhältnisse übertragen wird. Es geht also nicht darum, daß Fernsehen keinerlei Phantasien, sondern daß es nur eine eingeschränkte Phantasie zuläßt. Verschiedene Untersuchungen haben immer wieder deutlich gemacht, daß man dem Bild sehr schwer entkommen kann; es prägt die Vorstellungen. Das kann man an sich selbst übrigens auch beobachten, wenn man erst ein Buch liest und dann die Verfilmung sieht. In der Regel gefällt dann der Film nicht, weil wir mit den Bildern einer fremden Phantasie konfrontiert werden, die mit unseren eigenen nicht übereinstimmen. Umgekehrt ist das eigentlich kein Problem, denn dann haben wir bereits die fremden Bilder in uns und lesen das Buch also eigentlich mit den Produkten einer fremden Phantasie im Hinterkopf. Die *Bilder beherrschen unsere Vorstellungen* außerordentlich, *prägen* unser *Denken und Tun.* Amerikanische Untersuchungen haben deutlich gemacht, daß die Vorstellung vielsehender Menschen von der Wirklichkeit völlig übereinstimmt mit inhaltsanalytisch ermittelten Daten der in den Fernsehprogrammen erlebten, fiktiven Wirklichkeit, d.h. also, man glaubt, die Wirklichkeit sei so, wie man sie im Fernsehen gesehen hat. *Fernsehinhalte werden* also *auf die Wirklichkeit* hin *übertragen.* So kommt es, daß überkommene Rollenbilder fortleben oder Schauspielerverhaltensweisen übernommen werden. Ein weiteres Problem kommt in bezug auf die Neuen Medien hinzu: Jeder Mensch neigt dazu, sich das anzusehen, das einzuschalten, was er relativ mühelos versteht. Je mehr Programme parallel angeboten werden, desto mehr Möglichkeiten hat ein auswahlspezialisiertes Publikum, sich weiter zu spezialisieren. Der Krimifreund findet dann immer noch irgendwo einen Krimi, der Sportfan ein Fußballspiel, der Opernfan eine Oper. Mit anderen Worten: Die Kommunikation wird generell einseitiger, und das bedeutet zweierlei:
1. Ein *vermehrtes Programm wird* die *Bildung* der Bevölkerung *nicht fördern.* Diese Hoffnung blauäugiger Politiker können wir absolut zu den Akten legen, weil die Bildungsprogramme in den Neuen Medien nur von denen angenommen werden, die ohnehin bereits bildungsbeflissen sind. Andere nehmen sie überhaupt gar nicht an.
2. Die *politische Bildung* und damit die *politische Entscheidungsfähigkeit wird noch mehr eingeschränkt* und noch mehr zurückgedrängt. Sie wird damit zur

unreflektierten Partizipation, weil man eben nicht mehr gezwungen ist, überhaupt noch Politik anzunehmen. Seit der Aufgabe der Schutzzonenpolitik für politische Sendungen durch die Fernsehanstalten sind wir schon heute soweit, daß mit viel Erfolg fast aller Politik ausgewichen werden kann. Im Sinne des mündigen Bürgers eine wirklich katastrophale Entwicklung!
Hier soll noch ein weiterer Punkt angesprochen werden, nämlich die *Bedeutung des Lesens für das Programmverständnis.* Aus der Leseforschung wissen wir, daß durch Lesen Wissensangleichung ermöglicht wird zwischen Volksschülern und Realschülern. Je mehr Volksschüler lesen, desto mehr gleicht sich ihr Bildungsstand dem eines Realschülers an.
Neu dagegen ist das Ergebnis der Forschung, daß der Leser auch durch Informationssendungen gefördert wird. Lesen scheint also so etwas wie eine Schlüsselrolle in unserer Gesellschaft zu spielen, insofern, als man dann auch die Informationssendungen des Fernsehens besser verstehen und ihnen leichter folgen kann. Man könnte beinahe sagen: ,,Lesen ist ein Schlüsselbegriff für das Programmverständnis." Da nun aber diejenigen, die viel fernsehen, auch durch diese eingeengte Zeit, die ihnen zur Verfügung steht, ihre Lesekompetenz nicht verbessern können, verschlechtert sich gleichzeitig auch die Situation bezüglich ihres Programmverständnisses.
Viel fernsehen bedeutet aber noch andere Lernmöglichkeiten, nämlich z.B. das *Lernen der Fähigkeit, sich rasch an Veränderungen anzupassen und umzustellen,* sowohl im rationalen als auch im emotionalen Bereich. Das hört sich jetzt sehr positiv an, wenn es oberflächlich zur Kenntnis genommen wird. Ist es aber wirklich positiv, wenn ich mich zwar rasch umstellen kann, aber nicht mehr in der Lage bin, mich auf irgendetwas zu konzentrieren und sehr genau mit Dingen auseinanderzusetzen? Im Fernsehen ist, gemessen am wirklichen Leben, alles verkürzt. Gespräche, Argumentationen, Anblicke, Situationen. An diese Kurzfristigkeiten kann sich der Mensch anpassen. Er stellt sich darauf ein und verliert die Fähigkeit — und vor allen Dingen das Bedürfnis —, etwas sorgfältig zu durchdenken und nach eigenen Lösungen zu suchen.
Das bedeutet beispielsweise — wie Herta Sturm feststellt —, daß Menschen aufgeschlossen und empfänglich für rasche, kurze und eindeutige Antworten auf alle Probleme werden: ,,Sag mir, was ich machen soll, und ich funktioniere." Und zweitens: Auch im emotionalen Bereich werden sie auf rasche Zuwendung und auf wechselnde Partnerschaften hin sozialisiert, was natürlich nicht total, sondern eher graduell zutrifft. Will ich diese Entwicklung, dann muß ich kräftig Programme vermehren und die Wahlmöglichkeiten ausweiten; will ich sie nicht, muß ich die tägliche Sendezeit beschränken, langen Sendungen vor kurzen den Vorzug geben und eine bewußte Gegensteuerung, in der Schule etwa, erstreben.
Über das Aggressionspotential braucht hier nichts gesagt zu werden, weil dies an anderer Stelle geschieht. Das Problem ist nicht die Nachahmung. Das Problem bei aggressiven Gewaltsendungen ist vielmehr die *Abstumpfung gegenüber Gewalt,* das *Verkümmern der Mitleidsfähigkeit,* man kann nicht mehr mit-leiden, *man verliert die Sensibilität für Gewalt* und für die Auswirkungen von Gewalt. Das ist eine langfristige Entwicklung, die sich nicht in zwei Jahren messen läßt, sondern die langfristig zu beobachten ist. Das zweite Problem, was damit im Zusammenhang steht, ist die *Erhöhung des Angstpotentials.* Und dieses Angstpotential wirkt bei unterschiedlichen Menschen anders: Bei den einen mehr Aggressivität und bei den anderen wesentlich mehr Angst und Zurückhal-

tung in der Zuwendung allem Fremden gegenüber.
Ein letzter Gedanke dazu: *Die allgemeine nervliche Überreizung* wird erheblich zunehmen. Sie ist teils inhaltlich bedingt, teils aber auch einfach auf die Menge der Reize zurückzuführen. Sie trägt nicht zuletzt zu einer *Zunahme psychosomatischer Erkrankungen* bei. Sie ist natürlich nicht alleine Auslöser, sondern sie trägt bei. Ebenso zu einer *Zunahme des Alkoholismus in Fernsehsituationen.* Der Spannungszustand führt dazu, daß sich viele Menschen überhaupt aus der Kontrolle verlieren.
Die *Auswirkungen auf das soziale Zusammenleben* bezüglich aller Neuen Medien sind sehr schwierig. Wir wissen heute z.B. nicht, wie sich Bildschirmtelefon auswirken wird. Wenn ich meine Großmutter am Bildschirmtelefon sehe, und ich sehe, es geht ihr gut, habe ich dann noch die innere Einstellung, sie zu besuchen, oder sage ich mir, es geht ihr gut; ich kann mir also den Weg sparen. Das sind Dinge, deren Auswirkungen wir heute noch nicht absehen können. Aber wir können schon einige Aussagen hinsichtlich der Programmangebote machen.
Die *Gesprächsintensität* wird zurückgehen: Leute, die viel fernsehen, reden zwar häufiger, aber kürzer und vor allen Dingen nicht auf ihr Leben und ihre Probleme bezogen.
Die *sozialen Außenkontakte,* die heute schon gering genug sind, werden weiter eingeschränkt werden.
Die *gesellschaftliche Desintegration* nimmt durch eine abnehmende Toleranz gegenüber den Gedanken anderer zu. Die abnehmende Toleranz ergibt sich daraus, daß Menschen mit immer weniger Informationsbreite konfrontiert sind, weil sie ja stärker auswählen und sich eben nur noch mit ihren Interessengebieten befassen.
Die Probleme der Alten, der Gastarbeiter, der Behinderten, der Straffälligen werden noch weniger zur Kenntnis genommen werden, als es bereits heute der Fall ist. Die allgemeine Realitätsferne wird zunehmen. Das hat zunächst für einzelne den Vorteil der Möglichkeit einer Flucht in Traumwelten. Wird die Diskrepanz zwischen Traumwelt und Eigenrealität jedoch größer, ist sie nicht mehr verarbeitbar, und die daraus entstehende Frustration drängt einfach zu einer Entladung hin. Die Hoffnung von Parteien, Organisationen und Kirchen, auf dem Wege über das Kabel dem Menschen näherzukommen, ist m.E. reines Wunschdenken. Wenn der Gottesdienst oder die Predigt bei einem Glas Bier zu Hause gemütlich und ohne Anstrengungen verfolgt werden kann, braucht niemand mehr die Anstrengungen auf sich zu nehmen, eine Gemeindezusammenkunft zu besuchen. Sehr sarkastisch habe ich das einmal einem glühenden Verfechter Neuer Medien aus dem katholischen bereich zu verdeutlichen versucht: Ich riet ihm, sich darüber Gedanken zu machen, wie er die Sakramente über das Kabel spenden könne.
Soviel zu den Wirkungen, nun *zu den Erziehungsfragen!*
Das Thema Hilfen zum Umgang mit dem Medium setzt stillschweigend voraus, daß Hilfen erforderlich sind und daß andernfalls, wenn Hilfen nicht gegeben werden, negative Entwicklungen zu erwarten sind. Diese im Thema liegende stillschweigende Unterstellung bedarf jedoch noch einer Erweiterung. Selbst wenn Hilfen zum Umgang mit Medien gegeben werden, lassen sich in der gegenwärtigen allgemeinen gesellschaftlichen oder sagen wir enger, pädagogischen Situation problematische Entwicklungen nicht vermeiden. Der Abschlußbericht

der *Expertenkommission „Neue Medien"* in *Baden-Württemberg* vom Februar 1981 enthält dazu einen sehr aufschlußreichen, wenn auch aus Kompromißgründen sehr verschlüsselt formulierten Satz, den ich zitieren möchte:
„Nur durch ein Zusammenwirken aller Bemühungen um menschengemäßere Umweltgestaltung, intensivere Familienerziehung und umfassendere Schulerziehung wird die Wahrscheinlichkeit größer, daß die vielfältigen positiven Möglichkeiten, welche die neuen Medien mit sich bringen können, nicht mit einer Zunahme von individuellen und sozialen Störungen bezahlt werden müssen."
Es geht also um die Wahrscheinlichkeit, die ich erreichen kann, aber keineswegs um die Sicherheit, wenn ich dieses pädagogische Bemühen voll ausformuliere. Die Themenformulierung greift also so kurz, aber ein anderer Referent soll ja das Thema auf den allgemeinen pädagogischen Bereich ausweiten. Es ist also zweierlei erforderlich. Es ist erstens die *Verbesserung der allgemeinen Umwelt- und Erziehungssituation erforderlich* und es ist zweitens notwendig, eine *umfassende Medienpädagogik* zu realisieren. Beides kostet viel Zeit, und diese viele Zeit ist leider nicht vorhanden. Die vorhandene Zeit wird nicht genutzt. Obwohl beispielsweise die gesamte Expertenkommission „Neue Medien" in Baden-Württemberg, die sich etwa zu drei Vierteln aus Vertretern der Wirtschaft und der Technik zusammensetzte — also prinzipiell Leuten, die der Entwicklung nicht negativ gegenüberstehen —, eindringlich und einstimmig der Landesregierung nahegelegt hat, zumindest einmal in der Medienpädagogik einen Anfang zu machen und die politischen Weichen dafür zu stellen, ist nichts, aber auch gar nichts, seit 1981 geschehen. Wir leben nach wie vor in einem „medienpädagogischen Albanien" und an der Schwelle zu einem „medienpädagogischen Las Vegas" (Bausinger). Es fällt schwer, dahinter keine politische Absicht zu vermuten.
Gestatten Sie mir, trotz der Kürze der Zeit eine Bemerkung zur Verbesserung der Umwelt und Erziehungssituation, die sicher nicht umfassend ist. Ich gehe dabei von der unleugbaren Tatsache aus, daß heute selbst die beste Medienpädagogik nur dazu beitragen kann, ein *selbstkontrolliertes Fernsehen* zu ermöglichen — ob es hinterher erfolgt, ist die nächste Frage. Die Medienpädagogik alleine ist nicht imstande, sinnvollen Fernsehgebrauch vorzubereiten und negative Wirkungen einer Ausweitung etwa vom Programmangebot vorzubeugen. Vielmehr ist eine umfassende Pädagogik, auf die ich nicht eingehe, weil es ja mein Nachredner tun wird, erforderlich, um hier die Probleme, die auf uns zukommen, einigermaßen in den Griff zu bekommen. Deshalb nur an dieser Stelle einen für Medienpädagogik überleitenden Gedanken: Alleine mit Aufklärung über schädliche Wirkung, vor allem des Vielfernsehens, sowie mit Hinweisen auf einen — sagen wir — maßvollen Mediengebrauch kann der Hang zum Mehrkonsum nicht beseitigt werden. Die Kraft rationaler Erkenntnisse reicht in vielen Fällen nicht aus, um stärkere Beweggründe umzulenken oder um unzweckmäßiges Verhalten zu blockieren, weil sich dieses unzweckmäßige Verhalten in der Regel aus emotionalen und sozialen Schwierigkeiten ergibt. Informationen sind sinnvoll, sofern nicht emotionale Motivationen der rationalen Einsicht entgegenstehen. Medienpädagogik besitzt hier nur bescheidene Wirkungsmöglichkeiten, sie alleine ist nicht in der Lage, sinnvollen Fernsehgebrauch vorzubereiten und negative Wirkungen einer Ausweitung von Fernsehangeboten zu begegnen. Jene vorbereitende und prophylaktische Arbeit bedarf einer Grundlegung durch eine umfassende

Pädagogik, die wir heute in weiten Bereichen vermissen. Dies einschränkend vorausgestellt, möchte ich Ihnen meine Auffassung zur *Medienpädagogik* darlegen und zunächst vielleicht die *Ziele:*
Es geht darum,
1. fähig zu machen, die Informationen und die Unterhaltung zu verstehen,
2. zu lernen, Subjektivitäten und Manipulationen zu durchschauen,
3. fähig zu werden, die eigene Subjektivität zu erkennen und stets vor Augen zu haben,
4. beim eigenen Handeln im Umgang mit Medien mögliche Wirkungen auf mich selbst und die Umwelt tatsächlich zu berücksichtigen,
5. die Menge der Informationen zu begrenzen, um überhaupt denkfähig zu bleiben in der Zeit der heutigen Informations- und Unterhaltungsflut.
6. Schließlich geht es darum, die Nutzung der Medien trotz vielleicht optimaler Programmangebote zu begrenzen, um die allseitige Förderung menschlicher Möglichkeiten und menschlicher Qualitäten rein zeitlich nicht zu gefährden.
Ich möchte hier nicht in den Definitionsstreit eingreifen, was Medienpädagogik eigentlich ist. Der Begriff wird vielgestaltig verwendet. Ich will hier darunter jenen Teil der Kommunikationserziehung verstehen, der auf Massenmedien und Massenkommunikation hin zielt. *Diese Ziele, die ich hier einmal aufgeführt habe, lassen sich auf verschiedenem Wege erreichen:*
1. *Informationen über die Medien* und *deren Organisation* sowie *Informationen über Wirkungen.*
Wenn ich Pädagogik als Hilfe zum Lernen definiere — hier also als Hilfen zum Erlernen der Sprachen der Medien, wobei ich Sprache jetzt nicht als Wortsprache, sondern als Ausdrucksmittel sehen möchte —, dann geht es hier um die Gestaltungsmittel, die das Fernsehen zur Verfügung hat, um das Erlernen und das Verständnis der spezifischen Gestaltung und Ausdrucksmöglichkeiten. Fatal ist die gegenwärtige Situation deswegen, weil die Menschen eigentlich glauben, sie könnten fernsehen und gar nicht merken, daß sie auf diesem Gebiete Analphabeten sind, also gar nicht wissen, was ihnen so nebenher durch die verschiedenen Gestaltungsmittel unterschwellig vermittelt wird, ohne daß es bewußt wird.
2. *Hilfen zur Verarbeitung von Medieneindrücken,* also z.B. von Angst,
3. *Hilfen zur Einordnung von Medien* in den Gesamtzusammenhang des Lebens: „Also welchen Stellenwert hat z.B. das Fernsehen im Leben meiner Familie, welchen zeitlichen Raum nimmt es ein?"
4. *Hilfen zur Nutzung der Medien* zur Befriedigung eigener Kommunikationsbedürfnisse und
5. *Hilfen zur sachgerechten und verantwortungsbewußten Gestaltung medialer Kommunikation.*
Der letzte Punkt zielt natürlich auf die Macher und nicht so sehr auf den Pädagogen hin.
Die Realisierung einer umfassenden Medienpädagogik stößt auf drei Schwierigkeiten: Erstens auf mangelndes Problembewußtsein, zweitens auf mangelnde Kompetenz der Erziehenden, aber auch der Autoren, Redakteure und Produzenten sowie drittens auf mangelnden politischen Willen.
Medienpädagogik muß sich an *vier* unterschiedliche *Zielgruppen* wenden: An die Zielgruppe der Kinder und Jugendlichen, an die Zielgruppe der Eltern und der künftigen Eltern, an die Berufserzieher aller Sparten, worunter ich auch die Leh-

rer fasse, und an Autoren, Redakteure und Produzenten. Je nach Adressatengruppe ergeben sich in den medienpädagogischen Bemühungen unterschiedliche Gewichtungen.
Wenn ich dazu übergehe, dies näher zu erläutern, hebe ich besonders auf die audio-visuellen Medien, insbesondere auf Fernsehen und Video, ab. Überall dort, wo erzogen wird, müßte auch die Medienpädagogik mit einbezogen werden: Elternhaus, Kindergarten, Hort, Heim, Schule und Freizeiteinrichtungen. Natürlich wird diese Medienpädagogik je nach Institution sich unterschiedlich gestalten müssen, weil ja auch die Situation der Adressaten unterschiedlich ist. Bewußtes medienpädagogisches Handeln ist keineswegs nur als geschlossene, zielgerichtete medienpädagogische Lerneinheit — also gleichsam als Unterrichtsfach — vorstellbar. Vielmehr ergeben sich *drei medienpädagogische Ansatzpunkte*, und zwar: Das *Vorbildverhalten des Erziehenden*, worunter übrigens auch die Äußerungen zu eigenem und über eigenes Verhalten gehören; die *Medienpädagogik als erzieherisches Prinzip* und die *Medienpädagogik als Fach* oder *als gezielte Beschäftigung in der Freizeitarbeit*. Das bedarf der Erläuterung: Die *Vorbildwirkung des Erziehenden* hat ohne Frage die größte prägende Kraft. Das Verhalten von Erziehenden wird von Kindern mehr beachtet als jedes Reden und jedes andere erzieherische Handeln. ,,Erziehung ist Liebe und Beispiel", sagte Pestalozzi. Eltern, die ihren Kindern immer wieder predigen, wie nützlich und sinnvoll das Lesen ist, werden damit nicht weiterkommen, wenn sie selbst nicht lesen. Ich weiß nicht, ob Sie die Infas-Studie aus dem Jahre 1978 kennen, die sehr deutlich gemacht hat, daß Eltern mit ihrer Ablehnung des Fernsehens und ihrer erzieherischen Bevorzugung des Lesens deswegen keinen Erfolg haben, weil sie sich selbst anders verhalten, also das Fernsehen viel stärker bevorzugen als das Lesen. Erziehende, also auch Berufserzieher, sollten sich aber auch davor hüten, Medien generell zu diffamieren. Erstens besteht dazu kein Grund. Es gibt sehr gute Medienangebote. Und zweitens, denke ich, sie werden im Grunde damit das Gegenteil von dem erreichen, was sie erreichen wollen. Ebenso problematisch ist es für Erziehende, die häufig gesehenen Sendungen von Kindern und Jugendlichen nicht zu kennen. Sie machen sich damit in allem, was sie sagen und verlangen, unglaubwürdig, weil sie als inkompetent erscheinen. Ebenso solten sich aber Erziehende davor hüten, z.B. ihre passive Sportbegeisterung, die sich im stundenlangen Fernsehkonsum niederschlägt, allzu offen kundzugeben, sie zeigen damit für Kinder und Jugendliche in erster Linie ihre Fernsehbegeisterung und ihre Abhängigkeit vom Fernsehen und werden entsprechend eingestuft. Problematisch ist es auch, *Fernsehen als Erziehungsmittel* zur Belohnung und Bestrafung einzusetzen, weil dadurch neben der Disziplinierung ohne Einsichtsmöglichkeit vor allen Dingen erreicht wird, daß das Fernsehen einen immer höheren Stellenwert für Kinder und Jugendliche erhält. Ich sage das hier bewußt im Hinblick auf Heime, wo dieses Erziehungsmittel sehr oft eingesetzt wird. Es wird damit erreicht, daß Kinder und Jugendliche eigentlich geradezu verrückt nach dem Fernsehen werden. Grundsätzlich müssen sich alle Erziehenden bewußt sein, daß sie auf den Gebieten, wo sie so regulierend in das Leben von Kindern eingreifen, in einem besonderen Maße von Kindern und Jugendlichen beobachtet und auf ihre Glaubwürdigkeit hin abgeklopft werden. Das Kind, das schlaftrunken abends ins Wohnzimmer kommt, ist auch auf einem Kontrollgang. Medienpädagogik sollte von jedem Erziehenden als durchlaufendes Prinzip behandelt werden. Es ergeben sich im Erziehungsalltag unendlich viele Möglich-

keiten, Einstellungen gegenüber Medien durchzusetzen oder auch zu beeinflussen. Solche Möglichkeiten ergeben sich beiläufig durch überlegte Reaktionen und gezielt und vorbereitet im Rahmen anderer Bildungs- und Erziehungsvorhaben. Beiläufig geschieht sie etwa durch die Reaktion auf Kinderberichte über Sendungen, auf kindliche Verhaltungsweisen, Schießereien, durch Meinungsäußerungen zu bestimmten Sendungen, durch Verhaltensbeeinflussung zugunsten bestimmter Sendungen und anderes mehr. Gezielt und geplant *im Rahmen anderer Erziehungs- und Bildungsmaßnahmen wird Medienpädagogik desto stärker erfolgen, je kleiner Kinder sind.* Z.B. ist in Kindergärten oder anderen Einrichtungen dieser Altersgruppe stets dem erzieherischen Prinzip der Vorzug vor der Medienpädagogik als Fach zu geben, weil durch eine beiläufige Medienpädagogik nicht die Attraktivität der Bildmedien erhöht wird.

Ich habe in meinem Buch „Praxis der Fernseherziehung" viele Möglichkeiten gerade für dieses medienpädagogische Handeln aufgezeigt. Einige *Beispiele:* Anhand des Bilderbuches können Raum- und Zeitschnitte, aber auch die Sprache der Symbole, erläutert werden; im Puppenspiel können Stereotypisierungen angegangen werden; die Rhythmik bietet Ansatzpunkte, die Einflüsse von Geräuschen und Musik auf das Erleben von Bildern zu durchschauen; Mimik und Gestik werden anhand von Pantomime einsichtig; Verkleidung und Rollenspiel bieten die Möglichkeit, Unterschiede zwischen Realität und Spiel zu erkennen; beim Malen und Gestik werden anhand von Pantomime einsichtig; Verkleidung und Rollenspiel bieten die Möglichkeit, Unterschiede zwischen Realität und Spiel zu erkennen; beim Malen und Plastizieren werden überwältigende Eindrücke abgebaut; eigene Bildgeschichten schaffen Gespür für Handlungsabläufe. Dies und vieles andere mehr möchte ich nur beispielsweise angedeutet haben, es ist ein Stück Fernseherziehung. Auch wenn es so ganz offensichtlich zunächst nichts mit Fernsehen überhaupt zu tun hat.

Die Übergänge zur dritten Möglichkeit, zur *Medienpädagogik als Fach bzw. als gezielter Beschäftigung,* sind fließend. Solche Übergänge sind z.B. das Erstellen einer Fotoreportage, bei der es vielleicht um die Dokumentation eines bestimmten Vorganges geht, eines Festes oder was auch immer, bei der aber auch die Frage der Subjektivität eines jeden Bildes verdeutlicht werden kann oder auch die Subjektivität in Bildanordnungen und Bildabläufen. Die gezielte und geplante Beschäftigung kann vor allem Informationen vermitteln, sie kann helfen, durch Tun Einsichten in die Gestaltungsmittel und ihre Aussagen zu gewinnen. Sie kann die Scheu vor der Technik überwinden helfen, um selbstgestaltend tätig zu werden, und sie kann helfen, Medieneindrücke zu verarbeiten. Auch dazu einige Hinweise: Das Tun zur Erzielung von Einsichten kann sich stellvertretend auch auf andere Medien konzentrieren. Mit anderen Worten: Ich brauche im Kindergarten kein Video, weil sich auch mit dem Fotoapparat oder mit dem Tonbandgerät Einsichten in die Gestaltung des Fernsehens vermitteln lassen.

Problematisch bei der geplanten Arbeit ist besonders die Verarbeitung von Programmeinflüssen. Lasse ich z.B. im Hort oder im Kindergarten verarbeitendes Freispiel oder auch verarbeitendes Rollenspiel zu, dann tue ich gleichzeitig ein anderes: Ich helfe zwar Kindern, z.B. mit Ängsten fertigzuwerden, diese Ängste zu verarbeiten, aber ich nehme ihnen gleichzeitig verbleibende Spielzeit, in der sie selbstgestaltend und kreativ neue Einsichten aus sich selbst heraus entwickeln und entfalten können. Also, verarbeitendes Handeln bezüglich von Fernseh-

sendungen schränkt eigentlich kreative Spielzeit ein, die unabhängig von den Medieninhalten ist, und gerade deswegen wird es wieder problematisch. Ich denke, jeder Pädagoge muß sehr sorgfältig abwägen, inwieweit er das tut.
Ein besonders wichtiger Ort für geplante medienpädagogische Angebote ist Jugendarbeit. Sie muß heute leider einmal mehr Korrektiv für — sagen wir es ruhig deutlich — staatliches Versagen im Schulbereich sein. Im Jugendfreizeitbereich ist es möglich und nötig, vor allem über die Ansätze von Film- und Videoarbeit, Einsichten und Lernmotivation durch tätigen Umgang zu vermitteln. Wie immer man Jugendzeitung in eigener Verantwortung von Jugendlichen oder selbstbestimmte Videoarbeit und andere Eigeninitiativen beurteilen mag, sie dienen in jedem Fall der Medienpädagogik, weil sie jungen Menschen Einblicke in die Produktionsgegebenheiten vermitteln, und zwar frei von äußerem Druck und frei von zeitlichem Druck. Dieses ,,learning by doing" ist eine kaum zu überschätzende Komponente im medienpädagogischen Bemühen.
Ich habe bereits darauf hingewiesen, daß die Realisierung der Medienpädagogik in den Erziehungsinstitutionen vor allem deshalb auf Schwierigkeiten stößt, weil sie weder in der Aus- noch in der Fortbildung der Berufserzieher ausreichend thematisiert wird. Für den Pädagogen stellt sich hinsichtlich der Medienpädagogik eine dreifache Aufgabe: 1. Er muß in der Lage sein, selbst sinnvoll mit den Medien umzugehen. 2. Medienpädagogik muß er in seiner jeweiligen Einrichtung leisten — aber in allen Ansätzen, die ich beschrieben habe. 3. Er muß in der Lage sein, Eltern über sein Bemühen zu unterrichten und Hilfen für die häusliche Medienerziehung anzubieten, um so gleichgerichtete Erziehungsbemühungen in Elternhaus und Einrichtung zu erreichen. Ich halte es für die absehbare Zukunft für unerläßlich, die Berufserzieher zu mobilisieren. Es ist für mich keine andere Instanz denkbar, die in der Lage wäre, eine gleich breite Elternschaft zu erreichen und anzusprechen. Natürlich sehe ich die Probleme mit einer intensivierten Elternarbeit gerade auf medienpädagogischem Gebiet.
Das größte Problem ist jedoch *eine medienpädagogische Apathie,* die wir uns einfach nicht mehr leisten können, sofern wir die Aufgabe der Erziehung zum mündigen Bürger ernstnehmen, sofern uns diese Erziehung überhaupt etwas bedeutet. Die Zielgruppe Eltern und künftige Eltern ist ohne Frage besonders problematisch, weil vor allem sie ihr eigenes Verhalten unter pädagogischen Gesichtspunkten verändern müßte und weil gerade bei dieser Zielgruppe das Vorbildverhalten in einem ganz besonderen Maße relevant ist. Bei dieser Zielgruppe genügt es am allerwenigsten, ihnen die Notwendigkeiten der Medienpädagogik zu verdeutlichen. Vielmehr ist es darüber hinaus erforderlich, sie grundsätzlich mit einer veränderten Erziehung in einer veränderten Gesellschaft vertraut zu machen. Nun zeigt es sich, daß gerade bei der Zielgruppe Eltern und künftige Eltern weithin das Problembewußtsein für Medienpädagogik fehlt. Deshalb ist es erforderlich, nicht Medienpädagogik als solche in der Elternarbeit anzubieten, sondern Medienpädagogik möglichst in vielen anderen pädagogischen Lernangeboten mitzuberücksichtigen. Ferner kommt es darauf an, Medienpädagogik nicht auf spezielle Elternbildungseinrichtungen zu beschränken, sondern von allen Erziehungseinrichtungen aus Eltern anzusprechen, und schließlich müssen Eltern ergänzend in schriftlicher Form Informationen zugänglich gemacht werden. Es zeigt sich immer wieder in der Elternbildungsarbeit, daß nur ein Elternteil erreicht wird und dieser dann später zu Hause unendliche Schwierigkeiten

hat, den anderen Elternteil von der Notwendigkeit eines veränderten Verhaltens zu überzeugen.
Ich komme zum letzten Punkt: Der Zielgruppe Autoren und Redakteure. Von dieser Gruppe wird häufig das Recht auf absolute Freiheit auch in Darstellung für Kinder und Jugendliche mit dem Hinweis auf die Erziehungsverpflichtung der Eltern betont. Die Eltern, so wird gesagt, hätten es ja schließlich in der Hand, den Medienkonsum ihrer Kinder zu steuern. Selbst interessierte und wissende Eltern sind jedoch nicht mehr in der Lage, die Mediennutzung ihrer Kinder vollständig oder auch nur überwiegend zu kontrollieren. Die Mehrzahl der Eltern geht zudem davon aus, daß das, was für Kinder produziert und empfohlen wird, auch für Kinder geeignet ist. Ich denke, hier, daß vor allen Dingen dann, wenn es aus öffentlich-rechtlichen Einrichtungen kommt, sich Eltern in einem gewissen Sinne auch darauf verlassen können sollten. Wer sich in den Erziehungs- und Bildungsprozeß der Kinder und Jugendlichen einschaltet — und das tut das Fernsehen mit seinem Kinder- und Jugendprogramm — und wer damit in das Recht und die Pflicht der für die Erziehung berufenen Eltern und Berufserzieher eingreift, hat dafür zu sorgen, daß seine Eingriffe nicht gesicherten psychologischen Erkenntnissen widersprechen und den Prinzipien der Erziehung in einem demokratischen Staatswesen nicht zuwiderlaufen. Es geht also nicht nur darum, offensichtliche Jugendgefährdungen zu unterlassen, sondern vielmehr um die Planung des an Kinder und Jugendliche gerichteten Medienangebots unter dem Gesichtspunkt psychischer und erzieherischer Unbedenklichkeit auch hinsichtlich der formalen Gestaltung. Für Kinder- und Jugendprogramme und für erzieherische Elternprogramme sollten meines Erachtens nur Journalisten verantwortlich tätig sein, die medienpädagogisch geschult sind und zur Berücksichtigung der psychologischen und pädagogischen Erkenntnisse durch die Programmträger verpflichtet sind.
Ich komme zum Schluß und formuliere meine *Forderungen an* die *Jugendhilfe* und die *Jugendpolitik* zur Förderung der Medienpädagogik:
1. Jede Erziehungseinrichtung muß meines Erachtens die Medien thematisieren. Sie sollte dazu Zeit und Ausstattung und geeignetes, d.h. fortgebildetes Personal zur Verfügung haben.
2. Alle Erziehungseinrichtungen sollten sich verpflichtet fühlen, auch die Eltern anzusprechen und für die medienpädagogische Aufgabe zu sensibilisieren, zu gewinnen und zu befähigen.
3. Die Schule sollte die Medienpädagogik in ganz konkreten Unterrichtseinheiten thematisieren, was nicht ungedingt „Fach" zu heißen braucht. Ohne diese Thematisierung wird der audio-visuelle Analphabetismus nicht zu überwinden sein. Er ist deshalb so schwierig zu überwinden, weil es den Menschen nicht bewußt ist, daß sie Fernsehanalphabeten sind — ganz im Gegenteil zu dem Lese- und Schreibkundigen, der das sehr schnell gemerkt haben wird. Das, was jetzt in Schulen passiert, ist völlig unzureichend. Die Erzieherausbildung beispielsweise in Baden-Württemberg mag ein erschreckendes Beispiel sein. Man hat in den Lehrplänen die Angebote für Jugendliteratur um eine Stunde gekürzt und dafür die Medienpädagogik mit hineingepackt.
4. Die Jugendarbeit sollte dazu instandgesetzt werden, Jugendliche zur eigenverantwortlichen Beschäftigung mit den Medien zu motivieren; learning-by-doing muß hier einen besonders hohen Stellenwert haben.

5. Dem jeweiligen pädagogischen Auftrag entsprechend ist für eine sachgerechte Medienausstattung der Einrichtungen zu sorgen. So dürfen — um Beispiele zu nennen — Tonbandgeräte, Plattenspieler, Fotoapparte in keiner Einrichtung fehlen. Für die Jugendarbeit sind darüber hinaus Schmalfilm- und Videoausstattung unerläßlich.

6. Fernsehen sollte in den pädagogischen Einrichtungen nur für einen begrenzten Zeitraum zugänglich sein, um die Zeit für die Entfaltung der Eigenkräfte junger Menschen nicht zu sehr zu begrenzen. Ich meine, die erzieherischen Einrichtungen sollten gerade in Abhebung zum Medienkonsum dafür sorgen, die Allseitigkeit des Menschen in selbstbestimmtem Tun und Arbeiten zu ermöglichen.

7. Die Fortbildung der beruflich Erziehenden auf dem Gebiet der Medienpädagogik sollte verpfichtenden Charakter haben. Ich weiß, daß man sich oft an der Formulierung ,,verpflichtenden Charakter'' stößt, und ich meine es trotzdem, *genauso* wie ich es hier ausspreche. Denn in einer Zeit, wo die der demokratischen Ordnung zugrundeliegende inhaltliche Mündigkeit so stark wie heute durch die Ausgestaltung der Medien beeinträchtigt wird, sind außerordentliche Gegenmaßnahmen erforderlich, um das Fuktionieren einer demokratischen Gesellschaft im Sinne von Entscheidungsfähigkeit aufrechtzuerhalten.

8. Allen Einrichtungen sollte von den Trägern Fachliteratur für Pädagogen und Informationsschriften für Eltern zur Verfügung gestellt werden. Zwar ersetzen Schriften natürlich nicht den Gedankenaustausch, aber sie unterstützen ihn.

Damit komme ich zum Schluß!

Ich habe mich bemüht, in der kurzen Zeit einige Anhaltspunkte zu geben. Sicher sind viele Fragen offengeblieben, die wir noch klären können. An der Schwelle des Orwell-Jahres muß man bedrückt feststellen, daß heute weit über 30 Prozent der Bevölkerung den Vielsehern zugeordnet werden müssen — wenn für Kinder andere zeitliche Maßstäbe angelegt werden. Weit mehr bedrückt aber, daß sich daraus erhebliche Probleme für die gesunde Entwicklung von Kindern und Jugendlichen und für die Gesellschaft als Ganzes ergeben. Die Politik reagiert nicht auf diese Probleme. Einmal mehr werden die Erziehenden alleine gelassen. Resignation darf sich dennoch nicht breit machen. Wer erzieht, kann sich seiner Verantwortung nicht entziehen und sie auch nicht bis zu einem nächsten Wahltermin an der Garderobe abgeben. So gilt es, alle Anstrengungen zu unternehmen, um in einer gegebenen Situation die bestmögliche Erziehung zu leisten — auch die bestmögliche Medienerziehung.

Auszüge aus der folgenden Diskusssion:

Prof. Peter Weiß:

Sie haben die negativen Auswirkungen geschildert, die stets diskutiert werden. Was mir fehlte, war die Frage, ob es auch positive Auswirkungen gibt, nehmen wir z.b. die Landbevölkerung, die abgelegen lebt, die durch diese Medien mehr an den Geschehnissen in der Welt beteiligt wird. Ist die Welt nicht dadurch kleiner geworden, daß man täglich neue Informationen hat, die — durch das Optische ergänzt — auch noch stärker wirken, als wenn sie nur gelesen werden? Und gibt es nicht viele Leute, die früher so etwas überhaupt nicht gelesen haben und dadurch nicht daran beteiligt wurden und waren? Sind Ihre Kriterien, nach denen Sie Ihre Ergebnisse vorgenommen haben, nicht zu stark an Mittelschichtkriterien orientiert? Hat diese Medienentwicklung nicht auch Auswirkungen auf die praktische Jugendarbeit?
Werden durch diese Art von ,,Massenbeteiligung" nicht ganz andere Ansprüche und Kriterien begründet? Ein Beispiel: Wenn vor 30 Jahren ein Jugendgruppenleiter einigermaßen gut vorlesen konnte und eine Lesestunde gestaltet hat, so war das für den Durchschnitt der Jugendlichen immerhin noch ein Erlebnis. Der Jugendliche hatte kaum andere Möglichkeiten der Information und der Gruppenleiter kaum andere der Gestaltung. Wird der Jugendliche heute nicht dauernd verführt, mit den professionellen Angeboten im Fernsehen zu vergleichen? Kommt er nicht viel eher dazu, zu sagen: ,,Na, was ist das schon! Der Jugendgruppenleiter stockt ja, der kann ja noch nicht 'mal richtig lesen." Hat also diese Medienentwicklung nicht unmittelbare Auswirkungen auf die Möglichkeiten der Gestaltung von Erziehungs- und Jugendarbeit?

Wilhelm Gerwig:

Also, die Schädigungen der Vielseher sind sehr ausführlich eingebracht worden, und wir stimmen den Ausführungen sicher zu. Nur haben Sie nachher unter dem Punkt ,,Wie wird Medienpädagogik realisiert?" nach meinem Empfinden die Möglichkeit sehr schnell vom Tisch gewischt, indem sie sagen: ,,Man darf Medien nicht diffamieren bzw. sich den Medien nicht entziehen." In meinem Bekanntenkreis wächst die Zahl derer sehr stark, die sagen: ,,Uns bleibt nur eins, auch im Blick auf unsere Kinder: Zeiten der Verweigerung." Ich lebe seit 3 Jahren mit einer inzwischen 13jährigen Tochter fernsehfrei, und ich fühle mich deswegen nicht inkompetent — wie Sie meinten, daß man es werden würde. Ich glaube, es müßte noch ein bißchen sorgfältiger überlegt werden, denn ich lebe in einer Welt, in der ich trotzdem dauernd mit Fernsehmedien konfrontiert werde, so daß ich wahrscheinlich auch — wenn ich hochrechne — ein halbe Stunde Fernsehkonsum in der Woche habe. Das reicht mir gerade in dieser Situation des Umbruchs — ehe die totale Flut kommt — auch dies ein Erfahrungsbereich, der sorgfältig beobachtet werden sollte? Das Gegenteil des Vielfernsehers ist ja nicht derjenige, der nun ganz geschult mit ganz großer Sensibilität und dauernd in der Reflexion lebt, sondern ich erlebe eine Elitebildung derer — auch in der Gymnasialklasse meiner Tochter —, die fernsehfrei heranwachsen und die in ganz anderer Weise miteinander umgehen, sich unterhalten, spielen, usw., bis hin zu den Schulnoten. Gibt es in diesem Bereich auch Untersuchungen?

Klaus Schneider:

Gibt es nicht — und ich meine es gibt sie — nach 30 Jahren Fernsehen, nach 20 Jahren ziemlicher Ausbreitung visueller Massenmedien ganz natürliche Gegenbewegungen und Reaktionen des Zuschauers auf das Fernsehen? Sie haben Dinge angesprochen: Stärkeres Mißtrauen gegenüber dem Programm — einen Abbau der Autoritätshaltung gegenüber den Nachrichtensendungen oder quasi regierungsamtlichen Nachrichtenverlautbarungen im Fernsehen. Es gibt einen stärkeren Trend zur Auswahl. Es gibt einen Trend zur stärkeren Bestimmung des Zeitpunkts, wann man etwas sehen will und was man sehen will. Und es gibt schließlich ausgesprochen dramatisch rückläufige Fernsehbeteiligungszahlen bei den Jugendlichen. Das alles muß doch Ursachen haben, die in das Gesamtbild miteingebaut werden müssen. So würde mich Ihre Meinung zu diesen Wirkungen interessieren.

Prof. Martin Furian:

Es geht nur so furchtbar stark der Zusammenhang zu dem verloren, was gesagt worden ist, wenn man zufällig zusammengekommen ist. Ich kann Ihnen eigentlich nur Recht geben. Ich sehe auch, daß man das nicht nur negativ sehen darf. Ich wäre aber auch mißverstanden worden, weil ich eigentlich darauf abgehoben habe, daß das Problem im Vielsehen und nicht im ausgewählten Sehen liegt. Ich sehe durchaus die positiven Seiten. Ich sehe, daß z.B. heute kulturelle Dinge für Menschen zugänglich geworden sind, die ihnen vorher nicht zugänglich waren. Ich sehe, daß es mir heute möglich ist, etwa von einem bestimmten Alter an, in dem ferngesehen werden kann — und ich würde das mal oberhalb von 9 Jahren ansetzen, wo also wirklich Inhalte verstanden werden können — auch den ausgesprochenen Bildungscharakter des Fernsehens, auf den Sie etwa abgehoben haben.
Aber die unmittelbaren Auswirkungen auf die Jugendarbeit, die sehe ich so nicht, sondern ich denke vielmehr, daß die Angst vor dem Fernsehen oftmals die Initiative in der Jugendarbeit lähmt, weil man sich dort sagt: ,,So gut wie das Fernsehen kann ich das doch nicht." Ich möchte Ihnen nur eines sagen: Ich habe kürzlich in einem der extremsten Heime Baden-Württembergs für die dort lebenden straffälligen und schwer geschädigten Jugendlichen eine Vorlesestunde aus Jugendbüchern gemacht. Sie hätten eine Stecknadel fallen hören können. Ich denke, es fehlt mitunter auch der Mut, in der Jugendarbeit wieder andere Methoden aufzugreifen und in diesen anderen Methoden zu arbeiten. Aber in einem gebe ich Ihnen Recht: Auswirkungen auf die Erziehung hat es in jedem Falle. Mir geht es nicht darum, Medien zu diffamieren, sondern Gefährdungen zu vermeiden.
Ob wir es wollen oder nicht, wir leben in einer Zeit, die diese Medien immer mehr in den Mittelpunkt der Informationen und der Unterhaltung stellen wird. Und es ist unsere Aufgabe als Pädagogen, Menschen fähig zu machen, mit diesen Medien umgehen zu können. Ein temporärer Ausschluß birgt drei Gefahren in sich: Nämlich einmal, daß der Fernsehkonsum außer Kontrolle gerät und die Kinder woanders unkontrollierte Inhalte sehen. Das ist das eine Problem. Das zweite Problem, das damit sehr eng zusammenhängt, ist es, daß sie zu Hause darüber nichts

mehr sagen, also eine Situation des Mißtrauens zwischen Eltern und Kindern hinzukommt. Das dritte Problem: Der Umgang mit diesem sehr verführerischen Medium wird nicht mehr in einer Zeit erlernt, die man als optimale Lernzeit ansehen würde — damit meine ich die Zeit bis zu etwa 8/9 Jahren. Bis dahin muß eine gewisse Verhaltenssicherheit im Umgang mit dem Fernsehen trainiert sein. Die Rettung der Welt erfolgt natürlich nicht durch Pädagogen; das ist klar. Das Problem liegt darin, daß heute eigentlich den Pädagogen dauernd zugemutet wird, sie sollten doch die Welt retten. Das heißt, man verzichtet auf notwendige politische Entscheidungen und sagt: ,,Na bitte, die Eltern sollten doch aufpassen!" und überfordert damit ständig und dauernd Eltern und Berufserzieher und verschanzt sich dahinter, daß man seine politische Verantwortung nicht mehr ernstzunehmen braucht. Darin liegt das Problem unserer Tage.

Mißtrauen — ich glaube nicht an das Mißtrauen der Bevölkerung dem Fernsehen gegenüber. Das ist etwas Mittelschichtenorientiertes. In der Masse der Bevölkerung hat das Medium Fernsehen nach wie vor einen hohen Stellenwert und hohen Glaubwürdigkeitscharakter, der sich in so einfachen Redensarten wie ,,Bilder lügen nicht" oder ,,Ich habe es mit eigenen Augen gesehen" äußert und ganz tief verwurzelt ist. Aber ich sage es wiederum: Es betrifft überwiegend die Vielseher. Es betrifft eigentlich nicht denjenigen, der es aus irgendeinem Grunde beherrscht, mit diesem Medium sinnvoll umzugehen.

Es gibt Gegenbewegungen, aber wissen Sie, die viel zitierte Mündigkeit, die mir immer wieder — gerade von Politikern — um die Ohren gehauen wird mit der Frage, ob ich mir denn anmaßen würde, zu sagen, was geeignet sei und was nicht, da doch die Menschen selbst wüßten, was sie wollten, die gibt es so nicht. Ich habe meine sehr große Skepsis gegenüber der Mündigkeit der Menschen. Ich denke, daß Menschen mündig werden könnten. Aber wird nicht gerade durch das Fehlen einer Medienpädagogik durchweg die Mündigkeit der Menschen auf dem Informationsgebiet geradezu verhindert? Ich will nicht sagen, daß Menschen nicht mündig werden könnten, aber auf diesem Gebiete sind sie es im Augenblick nicht. Und die Rückläufigkeit des Fernsehens der Jugendlichen ist überhaupt gar kein Argument, denn wir wissen alle, daß Jugendliche in einem gewissen Entwicklungsabschnitt sich bewußt von dem distanzieren, was die Alten tun. Wir wissen ebenso, daß sie sich dann wieder — darauf weisen zumindest bis heute die Forschungsergebnisse hin — nach dieser Zeit des Jugendalters und des jungen Erwachsenenalters genau dem anpassen, was sie als Kind aus den Vorbildern ihrer Eltern gelernt haben, daß sie sich also so ziemlich dem wieder angleichen und dann auch etwa wieder auf die gleichen Fernsehgewohnheiten kommen, auf die gleichen Umgangsgewohnheiten, wie die ihrer Vorbilder.

Einen Trend zur Auswahl, das habe ich vorhin deutlich gesagt, gibt es; aber in dem Sinne, in dem es Herta Sturm einmal formuliert hat: Nämlich die Dummen werden dümmer, und die Klugen werden klüger. Und sie meinte damit: Die kulturell Interessierten wählen immer mehr Kultur aus und die Sportinteressierten nur noch Sport und die Krimiinteressierten nur noch Krimi. Wenn Sie das als Auswahl bezeichnen, dann ja. Aber auf jeden Fall bleibt beispielsweise die politische Information auf der Strecke.

Dr. Anneliese Fechner-Mahn

Als Psychotherapeutin für Kinder und Jugendliche möchte ich eine kurze Anmerkung machen: Das Fernsehen schafft eine stärkere Kluft zwischen „Mündigen" oder solchen, die auch Erziehungsgegenkräfte aktivieren, und eben den Vernachlässigten. Viel fernsehen ist auch ein Symptom für Verhaltensstörungen, und sehr viele Kinder, die eben Vielfernseher sind, leiden. Sie sind gestört — seelisch gestört. Deshalb möchte ich an die Arbeitsgemeinschaft für Jugendhilfe die Bitte richten, auch fernsehtherapeutische Möglichkeiten — jedoch nicht nur eingegrenzt auf Fernsehtherapien verstanden —, mehr psychotherapeutische Gegenmaßnahmen in ihren Aufgabenkanon zu integrieren und zu etablieren, um diese negativen Wirkungen möglichst früh auffangen zu können und eine positivere Weiterentwicklung zur Kreativität und zur Phantasieentwicklung möglich zu machen — auch für Kinder, die in ungünstigen Situationen leben müssen. Denn hier wirkt leider das Fernsehen mit, weiterhin möglicherweise schon vorhandene Defizite noch zu verstärken.

Auch sollte der Blick etwas stärker auf Schutzräume für Kleinstkinder und Kleinkinder gerichtet werden. Es gibt einen Jugendschutz für Film, und da gibt es auch Kontrollmöglichkeiten. Beim Fernsehen ist das in dieser Weise nicht möglich. Man muß sich anderes einfallen lassen. Das gilt auch für den Lernanfang. Die Lernbedingungen des Kindes sind einfach anders. Sie gehen nicht über das Medium und nicht über diese fremde Zweitwelt, sondern sie brauchen den Partner, und sie brauchen eigene Aktivitäten, sie brauchen Sprachkommunikation usw.

In die ersten Lernräume — also beispielsweise in den Kindergarten — gehört kein Fernseher. Gleichwohl Medienpädagogik für ältere Kinder und Ältere natürlich unbedingt geleistet werden müßte. Solche Einzelaspekte noch weiter herauszuarbeiten, zu werten und zu präzisieren, das wäre notwendig.

Dr. Rudolf Mayer:

Ich schließe mich der Anregung an, habe aber auch darüber hinaus einige Fragen. Gibt es Erkenntnisse von indirekten Wirkungen auf Kinder durch intensiven Medienkonsum von Eltern und Lehrern, also im erzieherischen Verhalten? Welche Veränderung im Erzieherverhalten bei Eltern und Lehrern entsteht durch deren intensiven Medienkonsum? Man kann sich vorstellen, daß, wenn sich der Realitätsbezug bei Eltern verändert, sich dann wohl auch die innerfamiliäre Situation verändern wird und damit Kinder und Jugendliche ebenfalls betroffen werden. In diesem Zusammenhang folgendes: Sie haben abgehoben auf emotionale und soziale Defizite, gewissermaßen als Prädisposition für viel Medienkonsum. Meine Frage: Gibt es differenzierte Erkenntnisse, welche speziellen emotionalen oder sozialen Defizite besonders prädisponieren? Wenn man dies wüßte, ginge es darum, prophylaktisch diese Defizite abzubauen, um jedenfalls diesen Strang der Prädisposition anzugehen.

Zum Punkt Verweigerung lautet meine Frage: Wäre es nicht auch Gegenstand geradezu einer pädagogischen Konzeption, durch partielle, d.h. zeitbegrenzte, Verweigerungen so einen ähnlichen Effekt, wie es früher Exerzitien hatten, zu erzeugen, um selber in seiner Verhaltensdisposition mobiler zu werden? Das, was wir immer diskutieren, ist, daß das Lebensdesign von Personen irgendwann festgeschrieben ist und durch äußere Einflüsse in eine bestimmte Richtung entwickelt wird. Ich darf Ihnen anekdotisch sagen, daß mein Zugang zum Fernsehen

vor 20 Jahren dadurch bestimmt war, daß ich einfach gemerkt habe, daß ich in einer bestimmten Gruppe Gleichaltriger über bestimmte Themen nicht mehr mitreden konnte und mich dann gefragt habe, ob es wichtig für mich sei, dabei zu sein. Ich kam zu dem Schluß: Dabei zu sein, ist wichtig.
Im Hinblick auf die Differenzierungen der Wirkungen möchte ich noch fragen, ob Sie das auch so sehen, was aus der Forschung von Frau Sturm und auch der amerikanischen hervorgegangen ist, nämlich daß bei aller Relativierung der Inhalte beispielsweise Serien eine ganz andere und eine sehr viel stärkere Wirkung haben, weil sie über längere Zeit sozusagen störungsfreie soziale Interaktion mit den Personen des Fernsehens ermöglichen? Denken Sie an ,,Dallas", und denken Sie auch an bestimmte Vorschulprogramme, wo Märchen- oder sonstige Gestalten unentwegt wiederkommen.

Prof. Martin Furian:

Es sei zunächst einmal unterstrichen: Viel Fernsehen ist Symptom und ist nicht etwas, was aus sich selbst heraus entsteht. Aber, dieses Symptom hat beinahe Teufelscharakter, d.h. je mehr gesehen wird, desto mehr verstärken sich die dahinterliegenden Schwierigkeiten. Es ist also eine Sache, die sich immer mehr hochschaukelt und die sich nicht abbaut. Und darin liegt das Problem des Vielfernsehens.
Schutzhüllen für Kinder: Ja wissen Sie, wir hatten früher eine Zeit, wo es kein Kinderfernsehen, zumindest kein Vorschulkinderfernsehen gab. Das einzige, was wir damit erreicht hatten, war, daß Kinder Erwachsenensendungen sahen — gesehen haben sie trotzdem. Zum Schutz des Kindes ist deshalb nur kurz anzumerken: Ein Kind unter 6 Jahren kann nicht fernsehen, es ist nicht in der Lage, fernzusehen — im Sinne von Verstehen von Sendungen. Es ist zwar durchaus in der Lage, mit Hilfe eines Erziehenden hinterher aus Fernsehen zu lernen. Fernsehen ist dann aber nur ein Impuls, ein Lernimpuls, wie es z.B. ein Spaziergang auch sein kann. Trotzdem bin ich dafür, daß es diese Programme gibt, weil es heute Eltern sagenhaft schwer gemacht worden ist, ihre Kinder vom Fernsehen fernzuhalten. Wenn ich davon ausgehe, daß das in der Regel aufgrund der Umweltverhältnisse nicht leistbar ist, dann ist es mir lieber, es gibt Programme, die zumindest in ihren Einzelteilen unschädlich sind. Dann reduziert sich der Verlust des Kindes — vereinfacht gesagt — einzig auf den Verlust einer halben Stunde Spielzeit. Insofern bin ich dafür, daß es Programme für kleine Kinder gibt, wohl wissend und nicht vergessend, daß diese eigentlich erst vom jüngeren Schulkind verstanden werden, also ohne fremde Hilfe verstanden werden. Natürlich lernen auch kleine Kinder etwas aus Fernsehen, aber nur immer partiell, und das, was sich unverändert wiederholt.
Deswegen können sie alle schießen, deswegen kennen sie alle ganz bestimmte Ausdrücke, deswegen kennen sie alle ,,Heidi"-Liedchen und solche Sachen, weil sich das unverändert über einen längeren Zeitraum wiederholt.
Ich hätte mir gewünscht, daß es viel stärker auf Kleinkinder bezogene Programme gäbe, wie z.B. Sendungen, die zeitweilig aus München gekommen sind, wo nichts weiter gemacht wurde, als Bilderbücher vorzustellen. Das waren Sendungen, die am Protest der Erwachsenen gescheitert sind, unter dem Vorwurf, wie könne man so langweiliges Fernsehen machen. Dabei schneiden wir aber das Problem an, daß Erwachsene in unserer heutigen Gesellschaft sehr wenig Ahnung von und Verständnis für die Notwendigkeiten der Kinder haben. Ich hal-

te nichts davon, Kinder auch in den ersten Jahren vom Fernsehen gleichsam gewaltsam fernzuhalten und in dem Sinne Freiräume zu schaffen. Ich habe noch einen Schüleraufsatz vor Augen, der mir das beispielhaft klargemacht hat. Da schrieb ein 10jähriger: „Am liebsten würde ich meinen Vater totschlagen, weil er mich nicht fernsehen läßt." Und ich denke, dieses Maß sich entwickelnder Aggression gegenüber den engsten Bezugspersonen rechtfertigt es, daß ich sage: Auch hier nicht mit Gewalt eingreifen, sondern das, was unschädlich ist, zulassen. Aber das ist eben genau das Problem der Steuerung.

Ich meine, daß es sehr viele soziale Defizite sind, die das Vielsehen fördern, insbesondere z.B. die Gesprächsunfähigkeit in Familien, dann aber auch schlechte Einkommenssituationen in Familien, die den außerhäuslichen Spielraum in unserer heutigen Zeit erheblich einengen, oder etwa auch kulturelle oder soziale Defizite, die darin zu sehen sind, daß man keine Verhaltensalternativen hat, daß man also sonst einfach nicht weiß, was man mit seiner Zeit anfangen kann, weil man es nicht gelernt hat, selbstbestimmt seine Zeit zu gestalten. Mir ist in diesem Zusammenhang die immer angeführte Frei-Zeit-Gestaltung über Hobbys zu oberflächlich. Das plätschert mir zu sehr. Ich möchte da viel stärker die Ernsthaftigkeit betonen, nämlich das selbstbestimmte Arbeiten, das, was ich mir selbst als Aufgabe gestellt habe, durchzuführen und durchzuhalten. Zur Verweigerung im Sinne von Exerzitien ist zu unterstreichen, daß dies ein freiwilliger Vorgang sein muß. Zu dem muß ich mich bekennen; dann trägt das sicher zu meiner seelischen Hygiene bei, aber ich kann das niemandem verordnen. Darin liegt — glaube ich — der Unterschied. Das kann ich auch meinen Kindern nicht verordnen, sondern ich kann sie von der Nützlichkeit vielleicht überzeugen, aber ich sollte mich davor hüten, meine Überzeugung in sie hineinzuinterpretieren und ihnen eigentlich dann doch Gewalt anzutun und damit deren Drang zum Fernsehen wiederum zu verstärken.

Die Wirkung von Fernsehserien ist eine ganz problematische Sache. Serien sind nicht etwa etwas Positives, sondern Serien sind etwas ungeheuer Negatives, gerade dann, wenn sie dazu führen und führen sollen, daß über eine starke Personenkonstanz jemand verleitet wird, sich zu identifizieren.

Amerikanische Forschungen haben sehr deutlich gemacht, daß bei Ende der Serie Verlustängste eintreten wie in der Situation, als wenn eine enge Bezugsperson aus dem Lebensbereich ausscheidet. So starke Verlustängste, die sich auf das Leben des Menschen — übrigens nicht nur des Kindes, aber dort verstärkt — auswirken.

Zur Frage der Beweislage der Wirkungsforschung: Es ist keine naturwissenschaftliche Beweisführung möglich, nach der ich sagen könnte: Wenn Du ab heute soundsoviel oder -lange fernsiehst, und zwar Sendungen dieses und jenen Inhalts, dann tritt bei dir ein: 1., 2., 3., 4., 5. Das ist nicht möglich. Was wir voraussagen können und was erforscht ist und wo auch die Sicherheit der Ergebnisse sehr weit gegeben ist, sind die Aussagen bezüglich Gruppen, also von Prozentzahlen.

Ich kann sie für den einzelnen Menschen nur dann voraussagen, wenn ich ihn ganz genau und intim kenne. Und da das die Forschung nicht leisten kann, kann sie Aussagen nur in bezug auf Gruppen machen. Die besten Aussagen für den deutschen Sprachraum finden Sie in der gut zusammengefaßten Form bei Herta Sturm. Das sind gesicherte Ergebnisse. Aber wie gesagt: Nicht für einzelne Menschen!

Prof. Dr. Klaus Schleicher:

Kinderprogramme — Kindgerechtes Fernsehen?
— Medienerziehung durch das Fernsehen —

Seit 1971 habe ich mich intensiver mit Medienfragen auseinandergesetzt, weil die Einführung der Sesamstraße unter den damaligen Bedingungen politisch unverantwortlich war und von den Redaktionen, die sie durchführten, mit Inkompetenz gestartet wurde. Seither standen für mich auf nationaler und internationaler Ebene die Kooperation von Elternhaus, Medien und Kindergarten bzw. Schule, die Produktion kind- und familiengerechter Fernsehsendungen, humanökologische Aspekte der Mediennutzung und die soziale Bewältigung der ,,Neuen Medien" (u.a. Video, Telespiele, Computer) im Vordergrund, sei es bei Publikationen

Schleicher, K.: (Eine Auswahl der Publikationen)
— Sesame Street für Deutschland? Notwendigkeit einer vergleichenden Mediendidaktik, Düss. 1977.
— Erziehung im Elementarbereich. Erziehungsaufgaben und Kooperationsprobleme von Elternhaus, Kindergarten und vorschulischem Fernsehen. In: Schleicher, K. (Hg.): Elternmitsprache und Elternbildung, Düss. 1973, S. 31—66.
— The use of television in pre-school education in sparely populated areas. Council of Europe, Doe. CCC/ECF (77) 26, E, Strasbourg 1977.
— Human ecology and television in early childhood education. In: Katz, L.G. (Ed.): Current topics in early childhood education, Vol. III, Norwood, N.J., 1980, S. 77—89.
— Idole und Lieblingsinhalte. In: Doelker, Chr. u.a. (Hg.): Immer dieses Fernsehen, Handbuch für den Umgang mit Medien. Wien/Ravensburg/Zug 1983, S. 67—84.
— Fernsehen und Migrantenkinder. In: Publikation der Visodata 83, erscheint 1984.
— ,,Neue Medien" und Kinder — oder die Hilflosigkeit der Pädagogik angesichts medialer Entwicklungen von Kabelfernsehen und Video, von Telespielen und Computern. In: Festschrift des Instituts für Frühpädagogik, München, erscheint 1984.

oder Beratungen (z.B. Europarat, Unesco, Schweizer Fernsehen).
Dabei sehe ich die Neuen Medien anders, als sie hier gesehen werden. Zentrales Element sind für mich die Mikrochips, und die Synchronisation der Einzelmedien und deren Wirkung schätze ich ungleich höher als die des Fernsehens ein. Problematisch erscheint mir auch, daß wir uns hier mit dem Fernsehen auseinandersetzen, um die ,,Neuen Medien" bewältigen zu können. Denn mit Vorstellungen über gestrige Medien können wir die qualitativ anderen Ansprüche der künftigen nicht bewältigen.

Zunächst drei Vorbemerkungen zur Thematik: Einerseits halte ich es für außerordentlich *gefährlich, wenn* sich *die Pädagogik* gesellschaftlich isoliert (wie z.B. in den 70er Jahren) und *glaubt, gesellschaftliche Probleme aufarbeiten zu können.* Vor einer derartigen Erwartung an die Pädagogik oder einer entsprechenden Selbstüberschätzung der Pädagogik kann man nur warnen. Andererseits wird in allen pluralistischen Demokratien Selbststeuerung gefordert — zweifellos zu Recht. Aber Selbststeuerung ist nur in einer Umwelt möglich, wenn nicht primär ,,Freiheit von etwas", sondern zumindest ebenso ,,Freiheit für etwas" gesucht und ermöglicht wird. Vorwiegend hat sich — das zeigt die politische Szene — in unserer Gesellschaft eine *Verweigerungsfähigkeit,* weniger aber eine *konstruktive Beteiligungsfähigkeit entwickelt.* Und dies gilt auch für die Pädagogik gegenüber den Medien.

Und drittens noch eine Vorbemerkung zur sog. *Beweislast, ob und inwieweit die Mediennutzung für Kinder vor- oder nachteilig ist.* Es gibt bei uns und im Ausland eine aufschlußreiche Entwicklung: Medienproduzenten fordern von der Forschung immer genauere Beweise, bevor entschieden werden könne, ob Gewalt im Fernsehen, Telespiele usw. tatsächlich problematisch seien. Dies sind m.E. reine Alibi-Forderungen, denn es gibt über die Wirkung von Gewaltdarstellungen auf Kinder seit langem hinreichend Forschungsbelege, daß sie unterbunden werden müssen. Zumindest hätte man, wenn diese Forderung ernst gemeint ist, derartige Produktionen bis zum Nachweis aussetzen müssen. Grundsätzlich ist m.E. die Pädagogik nicht zu einem Schädlichkeitsnachweis, sondern sind die Anbieter zu einem Unschädlichkeitsnachweis (wie es in der Medizin bei neuen Medikamenten üblich ist) verpflichtet.

Von diesem Hintergrund aus scheint mir bei der Auseinandersetzung mit dem Fernsehen wichtig:

— Wie wir uns mit den Medien auseinandersetzen, das hängt mit den raschen Veränderungen der Gesellschaft unter dem Einfluß der Medien zusammen;

— ein bewußter und kritischer Umgang mit den Medien wird in dem Maße schwieriger, wie wir immer globaler informiert werden und weniger Primärerfahrungen gewinnen;

— Kinder können so lange nicht zu einem angemessenen Mediengebrauch gelangen, wie wir als Erwachsene — seien es Eltern oder Lehrer — nicht dazu in der Lage sind;

— und die Medienpädagogik greift zwangsläufig viel zu kurz, da sie eigentlich nur wirksam werden kann, wenn eine ,,Selbststeuerung" auf personaler, sozialer und humaner Ebene gelingt, d.h. wenn über die Mediennutzung hinaus andere Ziele verfolgt und realisiert werden können.

1. Schwierigkeiten bei der Bewältigung der ,,medialen Wirklichkeit"
Wie schwierig es selbst für Erwachsene ist, die *,,mediale Wirklichkeit" zu entschlüsseln,* läßt sich rasch mit zwei Beispielen erläutern.

Die nebenstehende Abbildung wird aufgrund unserer inneren Erwartungshaltung als „Baum" erkannt, obwohl es sich um ein Flußdelta handelt.
Hinzu kommt, daß der visuellen Wahrnehmung des Menschen mehr als der verbalen „geglaubt" wird, obwohl Manipulationen mit dem Bild gleichermaßen möglich sind. Welche Irreführung daraus folgen kann, zeigen folgende Abbildungen. In der polnischen Presse wurde 1982 bildlich belegt (Bild unten), daß faschistische Kräfte für die Unruhen im Lande verantwortlich sind. Nur zeigten Recherchen*, daß hier ein bereits 1972 in derselben Zeitung erschienenes Bild von einem studentischen Teilnehmer an einem Gesangsfestival in Moskau nur mit einer Hakenkreuzbinde retuschiert war.

A smear exposed: how Poland's official press retouched a photograph to make a participant in a Soviet song festival in 1973 (left) appear a neo-Nazi activist in 1982.

Students blamed for riots [1]

Diese Manipulation ist selbstverständlich nur eine unter vielen und wurde nur zufällig entdeckt.
Frage: Wenn in einer ARD-Sendung die unkontrollierte Schadstoffbeseitigung auf Mülldeponien als Wirklichkeit präsentiert wird, obwohl nur eine fiktive Schadstoffablagerung für das Fernsehen in Szene gesetzt worden war — wozu benutzen wir dann die „mediale Wirklichkeit"? Wenn wir mithin als Erwachsene kaum in der Lage sind, Bildinformationen präzise zu entschlüsseln, was können wir in dieser Hinsicht dann von Jugendlichen oder Kindern erwarten?
Aber die Bewältigung der Medien hängt nicht nur von der Entzifferung der Bild-, Ton- oder Programmsprachen ab, sondern auch vom *Vermarktungsprozeß* der *medialen Ware* ab. Dieser Vermarktungsprozeß läßt sich — stark vereinfacht — mit folgendem Schaubild darstellen: (s. Graphik S. 78)
Medien machen ein Angebot, sie erhalten eine gewisse Resonanz auf das Angebot, sie analysieren die Resonanz, sie modifizieren ihr Angebot (die neue Sendefolge von „Dallas" beruht auf genau dieser Strategie), und sie werben dann mit dem Hinweis, man habe auf öffentlichen Wunsch ein Angebot entwickelt. Schließlich wird mit dem Hinweis auf die Einschaltquoten geworben und indirekt gefragt: „Schauen Sie etwa nicht zu?", „Was, Sie kennen die Sendung nicht?"

---
1) Students blamed for riots. In: The Times Higher Educational Supplement, 3.9.1982
*Anmerkung: Es handelte sich um Recherchen der englischen Presse.

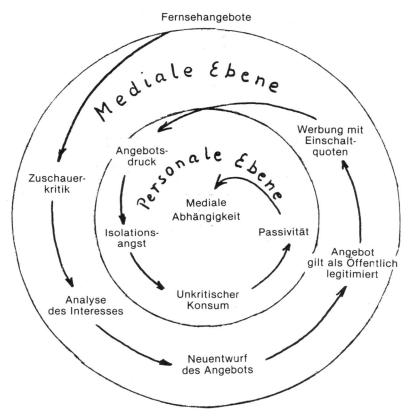

Auf ähnliche Weise wurde auch die Sesamstraße für Kinder vermarktet und in der Sendereihe refrainartig betont, wer nicht Sesamstraße sieht, der bleibt dumm.

Wie hier das mediale Angebot zum personalen Verarbeitungsproblem wird, ist im Schaubild auf der „personalen Verarbeitungsebene" dargestellt.

Erinnern Sie sich an die Sesamstraße! Die Kindergärtnerinnen waren belehrt worden, daß Vorschulsendungen sinnvoll und hilfreich sind. Sie berichteten es den Eltern, die Eltern erfuhren es aus der Zeitung, und die Kinder hörten es von den Spielkameraden. Konsequenz: „Alle haben es gesehen, wir müssen mitmachen." Es entsteht eine gewisse Isolationsangst. Wenn man aber teilnimmt, so nur z.T. aus eigenem Interesse. Dieser Konsum führt nicht selten dazu, daß man sich an die Sendungen anpaßt, statt sich aktiv mit ihnen auseinandersetzt. Und ganz unbemerkt stellt sich eine Unterhaltungswilligkeit bzw. eine allmähliche Unfähigkeit zur eigenständig-aktiven Interessenrealisierung und Lebensgestaltung ein.

Diesem *Ablaufmechanismus von Medienangebot und -nutzung* kommt deshalb so große Bedeutung zu, weil es durch die zunehmende Verschränkung von Meinungsumfragen und Produktionsverfahren einerseits und angesichts unserer Vereinsamung in der Mediengesellschaft (als „lonely crowd") immer schwieriger wird, sich diesen Zwängen zu entziehen. Denn *wir brauchen die Medien zur Umweltbewältigung, gleichzeitig aber behindern sie unsere Selbstbewältigung und damit auch die Medienbewältigung.*

2. Fernsehangebote für Kinder und ihre Mediennutzung

Vor- und Grundschulkinder wachsen seit Ende der fünfziger Jahre mit dem Fernsehen auf. Ihre Sozialisation wird seither entscheidend durch die Medien geprägt. Dabei hat sich parallel zum wachsenden Fernsehkonsum der Kinder die *öffentliche Einstellung zu ihrem Fernsehkonsum grundlegend geändert.* Ende der fünfziger Jahre hatte man das Mindestalter für fernsehende Kinder noch auf acht Jahre heraufgesetzt (und Sie, Herr Prof. Furian, hatten eben angedeutet, daß Kinder im Alter von sieben bis acht Jahren allmählich fernsehkompetent würden), da wurden unter dem internationalen Vermarktungsdruck der Sesamstraße rasch Vorschulserien (wie „Maxifant und Minifant", „Feuerrotes Spielmobil", „Kli-Kla-Klawitter", „Rappelkiste", „Die Maus" usw.) entwickelt und als kompensatorische Bildungsmittel von eilfertigen Bildungspolitikern oder Redaktionen angepriesen. Eltern und Pädagogen folgten diesem Einstellungswandel rasch, obgleich keine Sendung einen kompensatorischen Bildungseffekt hatte. Inzwischen hat sich jene Palette hochinteressanter Ansätze für ein kindge-

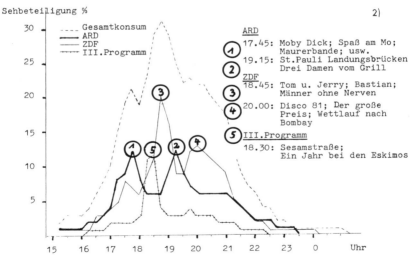

2) Angaben wurden resümiert nach Teletrend, 4. Quartal 1981, sowie nach Angaben in Programmzeitschriften; – vgl. Darschin, W./Frank, B.: Tendenzen im Zuschauerverhalten. Teleskopie – Daten zur Nutzung der Fernsehprogramme seit 1976, In: Media Perspektiven, 7/1980, S. 468.

rechtes Fernsehen unter dem Sende- und Einschaltdruck der Großangebote (von „Maus" und „Sesamstraße") jedoch wieder verflüchtigt.
Insgesamt hat sich in den letzten 15 Jahren folgende Entwicklung vollzogen: Zunächst war kaum ein kindgemäßes Angebot verfügbar, dann folgte eine bildungspolitische Euphorie, die zu einer raschen Angebotserweiterung führte, daraufhin weitete sich der Fernsehkonsum der Kinder aus und bahnten sich neue Mediengewohnheiten an. Nur – kaum hatten sich diese öffentlichen Einstellungsänderungen vollzogen, da verringerte sich das Interesse der Rundfunkanstalten an pädagogisch relevanten Vorschulsendungen und es reduzierte sich das Kinderprogramm recht stark auf Unterhaltungsangebote. *Frage:* Wer verantwortet die geförderten und ungelenkten Mediengewohnheiten der Kinder?
Aber nicht nur die Entwicklung der Fernsehangebote, sondern auch die *kindliche Mediennutzung* muß analysiert werden. In folgender Übersicht sind die Programmangebote für Kinder und ihre Einschaltquoten als Wochenprofil zusammengestellt. Angesichts der üblichen Einschaltmessungen war keine detailliertere Aussage über den Fernsehkonsum der einzelnen Jahrgangsgruppen möglich. (Ohne derartige Daten ist an sich keine verantwortbare Programmgestaltung für Kinder möglich!)
Die höchste Einschaltquote der Kindergruppe lag — wie Sie sehen — bei 19.00 Uhr und nicht beim Kinderprogramm. Schaut man sich die Sendeinhalte an, die Kinder besonders faszinierten, so waren es in der ARD u.a. „St. Pauli Landungsbrücken", „Drei Damen vom Grill" (19.45 Uhr), im ZDF u.a. „Männer ohne Nerven" (18.45 Uhr). Die Sehbeteiligung bei diesen Sendungen entsprach durchaus jener bei der „Sesamstraße".
Diese Beobachtungen lassen sich in folgender Weise resümieren: Programme, die Kindern gewidmet sind, werden von Kindern weithin abgewählt. Stattdessen finden Unterhaltungssendungen, Spielfilme und Trickserien bevorzugte Aufmerksamkeit. Und die höchsten Einschaltquoten liegen abends zwischen 18.00 Uhr und 19.30 Uhr. Daraus folgt: *Eine isolierte Forderung nach kindgerechterem Fernsehen geht am kindlichen Medienkonsum erheblich vorbei.*

Lieblingssendungen* von Schulkindern in Prozent 3)

		Fernsehkonsum der					
	gesamt	6–8jährigen		9–11jährigen		12–13jährigen	
		mehr	weniger	mehr	weniger	mehr	weniger
1. Actionprogramme (Western, Krimis, Science fiction)	52	53	26	59	47	88	67
2. Zeichentrick (auch Biene Maja 7 %)	48	73	61	52	53	27	26
3.							
4.							
5.							
6. Vorschulsendungen wie Sesamstraße (10 %)	17	29	40	10	11	4	4
7.							
8.							

* Welche Fernsehsendungen siehst Du z.Z. am liebsten? Spontane Nennungen von einzelnen Sendungen, Serien, Sparten wurden in 8 Sendungskategorien zusammengefaßt.

3) Pfifferling, J.: (Werbe-) Fernsehen aus der Sicht von Schulkindern bis 13 Jahren und ihren Müttern. In: Media Perspektiven, 4/1980, S. 236 ff.

3. Programmpräferenzen der Kinder und die elterliche „Kontrolle"

Befragt man Kinder nach ihren Lieblingssendungen, so zeigt sich in verschiedenen europäischen Ländern auf ähnliche Weise, sie mögen vor allem Trickserien und Aktionsprogramme, d.h. Western, Krimis und Science Fiction.
Wenn bei Jungen im Alter von 6—8 Jahren z.B. *Trickfilme* besonders beliebt sind (60 Prozent), so gehört dazu auch „Biene Maja". Obwohl diese Serie (die eher eine Wespe als Biene darstellt) durchaus nicht unproblematisch ist, erscheint sie gegenüber anderen Serien als recht harmlos. Meist handelt es sich dabei um japanischen und amerikanischen Import, wobei die japanischen Produkte meist noch aggressiver als die amerikanischen sind.
Beispielsweise bestand die Trickserie „Marvel Mut", die vorletzte Woche im ZDF lief, eigentlich nur aus einem Zusammenschnitt irrealer und aggressiver Details auf der Achterbahn oder mit Marvel Mut, die durch den Bauchredner Fred Robby verbunden wurden.
Aber die Kinder wünschen — wie die obige Tabelle zeigt — nicht nur Trickserien, sondern je älter sie werden, um so mehr „Action". Zwar wünschen sich unter den 6—8jährigen „nur" etwa die Hälfte mehr Krimis, Western und Science Fiction, jedoch sind es bei den 12—13jährigen dann schon 88 Prozent. Natürlich sind derartige Kinderbefragungen nicht unproblematisch. Dennoch zeigt sich m.E. recht deutlich, in welcher Richtung Kinder durch die Medienangebote und das unkritische Medienverhalten vieler Familien beeinflußt werden.
Frage: Ob Kinder, die die Umschaltmöglichkeit auf „interessante" Programme durchaus beherrschen, durch die Verkabelung wohl die Möglichkeit erhalten, sich gezielter ihren Lieblingssendungen zu widmen?
Außerdem wäre zu prüfen, ob jene Kriterien, die Herr Prof. Dr. Lange im Hinblick auf die „Neuen Medien" entwickelte, nicht auch auf die alten Medien ange-

Elterliche "Zensur" (nach Altersgruppen) 4)

	4 bis 5 Jahre in %	6 bis 7 Jahre in %	8 bis 9 Jahre in %	10 bis 11 Jahre in %	12 bis 14 Jahre in %
darf alle Sendungen sehen	6,0	9,0	10,1	10,5	24,2
muss manchmal fragen	29,0	37,7	55,9	56,0	56,9
muss immer fragen	60,3	49,1	34,0	23,7	14,8
darf nie fernsehen	0,4	--	--	--	--
weiss nicht/ keine Angabe	4,3	4,2	0,0	9,8	4,1

4) Havlicek, D./Steinmann, M. (SRG Forschungsdienst): Radio, Fernsehen und Kinder, Bern 1980, S. 55

wendet werden müßten. Ein Investitionspool zur Förderung geeigneter und attraktiver Kindersendungen wäre zweifellos ein Gewinn.

Nachdem damit deutlich geworden ist, welche Programmarten Kinder bevorzugen, bleibt zu skizzieren, *inwieweit Eltern auf diese Wünsche eingehen.* Hier macht eine Schweizer Studie recht deutlich, daß Kinder im Alter von 4—5 Jahren nur recht begrenzt über ihr Programm entscheiden, während 12—14jährige schon recht autonom sind.

Zweifellos darf man diese Schweizer Daten nicht unbesehen auf die Bundesrepublik übertragen, denn bei uns wird die elterliche Kontrolle eher geringer als größer sein. Zumindest der Tendenz nach läßt sich dennoch folgern, daß eine Erziehung zum angemessenen Umgang mit dem Fernsehen bis zum Ende der Grundschulzeit begonnen haben muß, weil der elterliche Einfluß auf das kindliche Medienverhalten anschließend recht gering ist. Außerdem kommt eine schulische Medienpädagogik, die — zweifellos aus guten Gründen — oft erst in der Sekundarstufe beginnt, viel zu spät, denn mediale Einstellungs- und Verhaltensformen sind z.T. schon manifest geworden, so daß wir sie nur kompensatorisch oder therapeutisch bearbeiten, kaum aber aufheben können. *Da die Medienerziehung in der Sekundarstufe weithin zu spät kommt, sie in der Grundschule allgemein fehlt, fallen diese Aufgaben fast ausschließlich den Eltern zu.* Doch können Eltern nur beurteilen, welche Sendungen für Kinder geeignet sind, wenn sie wissen, was Kinder im jeweiligen Alter wahrnehmen und verarbeiten können.

4. Die kindliche Wahrnehmungs- und Verarbeitungsfähigkeit

Eine Auseinandersetzung mit dem kindlichen Wahrnehmungsvermögen ist hier notwendig, weil eine differenzierte Wahrnehmung der Medienangebote Voraussetzung für eine Medienverarbeitung ist. Allgemein halten wir für wahr, was wir wahrnehmen, wofür wir uns interessieren und was wir für wichtig halten. Wie kommen Wahrnehmungsmuster zustande? In der nebenstehenden Abbildung

werden einige wunderschöne Vasen, andere Köpfe erkennen. Sie erkennen mit ihrer selektiven Wahrnehmung, was sie hineininterpretieren. Wenn Sie sich außerdem an die Abbildung der Flußmündung aus der Vogelperspektive erinnern, so wird deutlich: Wahrnehmung ist kein objektiver, sondern ein stark von der subjektiven Erlebnisfähigkeit gesteuerter Prozeß. Untersuchungen über die altersspezifischen Wahrnehmungsmuster von Kindern haben nun gezeigt — ich ergänze hier nur die Hinweise von Herrn Prof. Furian —, daß Kinder bis zum Alter von zwei Jahren nicht zwischen realen und medial abgebildeten Gegenständen unterscheiden und daß sie Anfang und Ende von Sendungen nicht erkennen können. Erst um das dritte Jahr beginnen sie die kurzen Sendespots — wie Werbespots — als abgeschlossene Sequenzen wahrzunehmen und sie bei entsprechender Anleitung mehr oder minder gezielt ein- oder abzuschalten. Erst um dreieinhalb bis vier Jahre können sie dann Cartoons und Angebote wie die „Sesamstraße" als spezielles Programm erkennen, und erst mit vier bis viereinhalb Jahren beginnen sie, Kinder- und Erwachsenenshows zu identifizieren. Identifizieren heißt dabei keineswegs schon verstehen, sondern hier existieren die Minimalvoraussetzungen für ein Verständnis. Folgt man diesen Untersuchungsergebnissen (und verschiedene Untersuchungen sind zu recht ähnlichen Ergebnissen gekommen), so ist selbst das Anschauen von Kindersendungen mit 3 1/2 Jahren recht sinnlos, weil den Kindern der Überblick fehlt, was da überhaupt ,,läuft", weil die vielfältigen Verschränkungen von Realität und fiktiver Realität nicht durchschaubar sind usw. Damit ist deutlich, weshalb Kinder Vorerfahrungen mit der primären Welt benötigen, bzw. wie Kindersendungen die Wahrnehmungsdifferenzierung und Verarbeitungsfähigkeit von Kindern überschätzen.

Diese altersspezifische Wahrnehmungs- und Verarbeitungsfähigkeit unterscheidet sich dabei noch je nach *Bild-, Ton- und Verbalinformation.*

Zunächst ist generell hervorzuheben, daß z.B. Bild- und Verbalinformation physiologisch verschieden verarbeitet werden, und zwar Bilder in der rechten Gehirnhälfte und Sprache in der linken.

Außerdem ist der Verarbeitungsprozeß ganz verschieden. Bei der *Bildwahrnehmung* ist eine ikonographische, ganzheitliche Wahrnehmung erforderlich. Wenn Kinder mithin mit raschen Bildfolgen im Fernsehen konfrontiert sind, so springen sie von einem undifferenzierten Gesamteindruck zum nächsten. Selektive Wahrnehmungsbruchstücke reihen sich aneinander, und für eine innerliche Verarbeitung der komplexen Information bleibt kaum eine andere Möglichkeit, als den Bildern zu ,,glauben".

Daraus folgt für Kinder: Fernsehspots mit rascher Bild- und Schnittfolge (wie z.B. Trickserien) scheinen die Kinder zu faszinieren, behindern in Wirklichkeit aber die kindliche Verarbeitungsfähigkeit wie -willigkeit und erhöhen die psychische Belastung. Nicht ohne Grund sprach man bei der 1. Fassung der ,,Sesamstraße" von einem psychedelischen Drill, denn von Lernen konnte überhaupt nicht die Rede sein. Wie leicht Kinder aber durch unkritisch aufgenommene Bildeindrücke zu falschen Realitätseinschätzungen veranlaßt werden, zeigt u.a. eine empirische Untersuchung in Schweden. Danach glaubten 40 Prozent der 6—10jährigen, daß Menschen allein durch Mord und Totschlag sterben.

Demgegenüber erfordert die *Verbalinformation* stets eine innere Beteiligung und Verarbeitung, denn hier ist aus dem jeweiligen Verständnishorizont nicht nur die Analyse der Aussage, sondern auch eine Verbindung von zeitlich aufeinander folgenden Informationsteilen erforderlich. Hier muß die Synchronisation geleistet werden, bevor man zu einer Gewichtung oder zu einem Urteil kommen kann. Der Gesamteindruck steht mithin nicht am Anfang, und er wird nicht vorgegeben, sondern er steht am Ende und ist aktiv zu leisten.

Wie wir Verbalaussagen selber verlebendigen und in einen Zusammenhang bringen müssen, mag folgender Märchentext illustrieren: ,,... Es war einmal ein König, der gerne im Walde den Tieren nachjagte. So geschah es eines Tages, daß er einen Hirsch verfolgte und sich dabei weit von seinem Gefolge entfernte und im Wald verirrte usw. ..." Vermutlich haben Sie erlebt, wie durch die Verbalansprache allmählich ein facettenreiches Bild entsteht, das Sie strukturiert und belebt haben.

Obwohl die Verbalaussage die Eigenaktivität und bewußte Verarbeitungsfähigkeit des Menschen stark fördert, wird ihr in den Kindersendungen meist nur eine

Stütz- und Erklärungsfunktion für die Bildinformation zugemessen. Diese Einstellung zur Verbalaussage resultiert z.t. aus dem medialen Selbstverständnis des Fernsehens. So wird immer wieder betont, die Verbalaussage sei das charakteristische Element des Hörfunks, nicht aber des Fernsehens.
Wieder andere Anforderungen stellt die *Toninformation.* Erinnern Sie sich an eine vertraute Schlagermelodie, an ein Chanson oder an L. Mozarts „Schlittenpartie".
Bei der „Schlittenpartie" empfinden Sie z.B. den Schneefall, dann „hören" Sie die Gäule, die vor dem Schlitten durch den Schnee stampfen, und sitzen vielleicht sogar selber auf dem Bock.
Der Ton fordert Ihre eigenen Phantasiekräfte und Ihre innere Beteiligung. Meistens wird der Ton daher zur Untermalung benutzt, um uns affektiv an der Bildaussage zu beteiligen oder den Verbalaussagen Glaubwürdigkeit zu verleihen.
Wie stark der Ton dabei als Transportmittel von Informationen in Kindersendungen mißbraucht werden kann, zeigt der Spot: „Alle Jahre wieder, saust der Preßlufthammer nieder". Dies ist eine ökologische Sendung aus dem Vorverständnis von Erwachsenen, die die Kinder inhaltlich nicht verstehen können und die ihnen durch einen phantastischen Tonkommentar „verkauft" wird.
Führt man diese Sendung Kindern mal ohne Ton, mal mit Ton vor, so zeigt es sich, wie uninteressant die z.t. schwerverständlichen, z.t. zusammenhanglosen Bildinformationen sind. Kinder sind durchaus willig, ab- oder umzuschalten. Sobald aber die Frösche quaken, die Eisenbahnschranke klingelt usw., dann tritt eine Identifizierung mit dem Geschehen aus dem eigenen Erlebnishintergrund ein.
Unterschwellig werden hier über die Tonspur Vorstellungen, die den Erwachsenen wichtig sind, in die Erlebnissphäre der Kinder transportiert. Daher hat diese Sendung auf den Protest der nordischen Länder hin keinen Preis beim Prix Jeunesse erhalten, weil es sich hier tendenziell um eine „Manipulation" des kindlichen Bewußtseins handele.
Welche Wechselbeziehungen zwischen diesen Bild-, Ton- und Verbalinformationen zu beachten sind, wenn wir ein kindgerechteres Fernsehprogramm entwickeln wollen, das wird im folgenden Abschnitt über die Wirkungsforschung miterörtert.

5. Erkenntnisse der Wirkungsforschung über den medialen Einfluß auf Kinder

Die Wirkungsforschung hat in einer ersten Phase (bis in die 60er Jahre) *lineare Ursache-Wirkung-Zusammenhänge* zu ermitteln versucht und ist dabei kaum zu relevanten Aussagen gekommen. Zu derartigen Untersuchungen gehörten Analysen über die Wirksamkeit von Werbespots, von Gewaltdarstellungen oder lernorientierten Vorschulsendungen. Dabei stellte man je nach Vorbewußtsein der Untersucher und verwendeten Fragemethoden z.B. fest: Gewaltdarstellungen sollen Kinder nicht gewalttätig, prosoziale Szenen aber sozialer machen. Daß es inzwischen nicht an empirischen Forschungen fehlt, zeigt diese Bibliographie*.

---
*Anmerkung: Internationales Zentralinstitut für das Jugend- und Bildungsfernsehen. Bibliographischer Dienst Nr. 1: Wirkungen und Funktionen des Fernsehens: Kinder und Jugendliche. Eine Bibliographie ausgewählter Forschungsliteratur 1970—1976. München 1977.

Jedoch ist überaus schwierig zu unterscheiden, welche Analysen eine gewisse Relevanz besitzen.
In einer zweiten Phase wurden mediale Wirkungen im *Zusammenhang mit der kindlichen Erfahrungs-, Anregungs- und Erlebnissituation* untersucht. Diese Studien berücksichtigten die komplexen Lebensbeziehungen der Kinder zweifellos angemessener, konnten gleichzeitig aber nicht mehr zu derart einfachen Handlungsanweisungen führen.
Von diesen neueren Forschungsergebnissen — einige wurden von Herrn Prof. Furian erwähnt, und die wesentlichen sind 1982 in einem amerikanischen Forschungsbericht zusammengefaßt worden* — möchte ich nur zwei Hauptaspekte erwähnen.
Zum einen *verstärkt das Fernsehen die Verhaltensdisposition der Kinder*. Beispielsweise neigen Kinder mit höherer Aggressivität zu erhöhtem Konsum von aggressiven Sendungen.

Dimension: Wissen

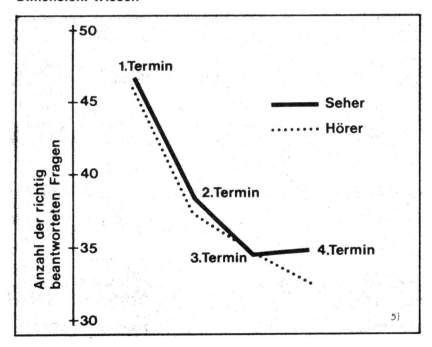

*Anmerkung: US Department of Health and Human Services/National Institute of Mental Health (Hrsg.): Television and behavior. Ten years of scientific progress and implications for the eighties. Wash. DC, US Gov. Prin. Office 1982.

Dimension: Erregung

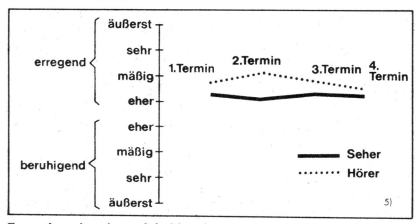

Es wurde nachgewiesen, daß sich aufgenommene Kenntnisse gemäß der Verlaufsform des Vergessens (wie sie die Gedächtnisforschung mit anderen Methoden ermittelt) verringerten, sich der emotionale Eindruck (hinsichtlich der Dimension Erregung, Valenz und Potenz) jedoch nicht veränderte.» Es erfolgt keine Korrekur, kein Vergessen, keine Löschung der Gefühlseindrücke.« »Somit erscheint der über die Zeit hinweg tradierte, medienspezifische Gefühleseindruck verselbständigt und weitgehend unabhängig von behaltenen oder vergessenen Wissensinhalten.«

Eine Folge dieser wechselseitigen Verstärkung von innerer Disposition und Konsum aber ist, daß über die Fernsehauswahl das Anregungsgefälle zwischen den Kindern (z.B. aus verschiedenen Sozialschichten) nicht verringert, sondern erweitert wird.

Zum anderen zeigt die Forschung, daß dem Fernsehen zwar allgemein eine Entlastungsfunktion zugesprochen wird, daß es *Kinder psychisch aber eher belastet als entlastet.*

Zwar wurden Kinder durch spannende Sendungen durchaus von eigenen Momentanproblemen abgelenkt. Gleichzeitig aber wird auch ihre Eigenaktivität behindert, die Voraussetzung für eine wirkliche Problemlastung und erneute Selbstintegration ist. Und vor allem entsteht beim Fernsehen eine unbewußte Neubelastung durch die begrenzte Verarbeitungsfähigkeit.

Wie groß die emotionale Belastung von Kindern durch das Fernsehen ist, läßt sich am einfachsten an folgendem Untersuchungsbefund skizzieren.

Vergleicht man über einen Zeitraum (horizontale Achse), wie stark kognitive und emotionale Fernseheindrücke stabil bleiben (vertikale Achse), so zeigt sich, daß Inhalte weitgehend vergessen, dagegen emotionale Eindrücke unbewußt lebendig bleiben. Es dürfte leicht verständlich sein, daß diese Scherenentwicklung

5) Sturm, H./Haebler, R.v./Helmreich, R.: Medienspezifische Lerneffekte. Eine empirische Studie zu Wirkungen von Fernsehen und Rundfunk. München 1972, S. 32, 38, 44.

erheblich zu Nervosität, Hyperaktivität und Konzentrationsschwächen der Kinder beiträgt.

Sieht man diese Ergebnisse mit den früheren Hinweisen auf die altersspezifischen Wahrnehmungs- und Verarbeitungsfähigkeiten im Zusammenhang, so wird einerseits verständlich, weshalb Kinder nach neuesten Untersuchungen emotional stark belastet werden, wenn Bild-, Ton- und Verbalinformationen des Fernsehens nicht stimmig sind, und dann wird andererseits kaum noch überraschen, daß sich bei Kindern *mit zunehmendem Fernsehkonsum auch die Konzentrations-, Anstrengungs- und Lernwilligkeit verringert.*

6. Bemühungen um ein kindgerechtes Fernsehen

Nach den vorgestellten Bedenken gegen den kindlichen Fernsehkonsum (sie wählen Kinderprogramme ab und wünschen „Action", ihre Wahrnehmungs- und Verarbeitungsfähigkeit reicht für viele Programme nicht aus, und sie werden durch die mediale Struktur psychisch stark belastet) gilt es zu skizzieren, wie weit die Ansätze zu einem kindgerechteren Fernsehen reichen.

Eine *wissenschaftlich fundierte* Grundlage für die Produktion kindgerechter Sendungen liegt in der Bundesrepublik auch nicht ansatzweise vor. Ein Anlauf wurde 1970 mit dem „Saarbrücker Arbeitspapier zur Erstellung und zur psychologischen Begründung eines Curriculum für Fernsehprogramme zur kompensatorischen Vorschulerziehung" unternommen. Er blieb Episode wie das wesentlich weiterreichende amerikanische Konzept der „Television Guidelines for Early Childhood Education" (1969). Diese Bemühungen wurden einerseits durch die rasche Entwicklung von Vorschulsendungen Anfang der 70er Jahre überrollt (selbst die groß angelegte Nachuntersuchung zur „Sesamstraße" hat kaum etwas bewirkt), und andererseits stehen die Fernsehredaktionen zu stark unter dem Druck der Einschaltquoten, dem Zwang zur Momentanproduktion und unter dem Einfluß des medialen Selbstverständnisses, als daß sie derartige Konzeptionen konsequent berücksichtigen könnten oder wollten.

Dennoch fehlte es nicht an zahlreichen, eher *pragmatischen Einzelinitiativen,* wie folgende Beispiele zeigen:

— Die bayerische „Spielschule" bemühte sich um eine bessere Elterninformation und deren Sehbeteiligung, weil damit kindliche Belastungen verringert und die Aufnahme medialer Lernanregungen erhöht wird. Nur blieb es bei zaghaften Ansätzen.

— In der „Rappelkiste" wiederum sollten erlebnis- und umweltrelevante Situationen der Kinder so aufbereitet werden, daß eine Nachbewertung im Kindergartenalltag oder in der Familie möglich würde. Nur konnte man massenmedial kaum relevante Hilfe zur persönlichen Problembewältigung anbieten.

— Auch im Konzept von „Maxifant und Minifant" fehlte es nicht an Versuchen, Kindern fehlende Sozialerfahrungen — wie Geburt oder Tod — zu erschließen. Nur erwiesen sich medizinische Darstellungen der Geburt aus der Erlebnissituation von Müttern zumindest als fremdartig und waren für manche Väter kaum zu bewältigen.

An ähnlichen Bemühungen hat es in den 70er Jahren keineswegs gefehlt, jedoch ist davon in den heute angebotenen Großserien „Die Maus" und „Sesamstraße" kaum noch etwas zu spüren.

Am dringlichsten und vorteilhaftesten sind zweifellos *„Aktivierungsprogramme"* und *"Verbundmaßnahmen"*. Entsprechende Aktivierungsstrategien werden am ehesten vom BBC (England) und SRG (Schweiz) verfolgt. Dabei sollen Kinder während oder nach dem Fernsehen zum Mit- oder Selbertun herausgefordert werden, weil das Fernsehen selber jene Voraussetzungen nicht herbeiführen kann, die zur Umwelt-, Selbst- und Medienbewältigung notwendig seien. Das Fernsehen bietet daher Spiel-, Bastel- oder musikalische Anregungen, die vereinzelt sogar zum Ausstieg aus der Zuschauersituation auffordern.

Daneben finden sich in einigen Ländern — wie Finnland oder den USA — auch einzelne Verbundmaßnahmen, bei denen durch langfristige Vorankündigungen, die Bereitstellung von Videoaufzeichnungen oder auch ergänzende Information für Kinder, Eltern und Erzieher, die Einbeziehung von Fernsehangeboten längerfristige und vielschichtige Auseinandersetzungen mit Problembereichen ermöglicht werden sollen. In der Bundesrepublik ließen sich dafür zweifellos viele geeignete Sendungen — z.B. „Pusteblume" — finden.

Insgesamt wird an der Entwicklung des Kinderfernsehens in der Bundesrepublik deutlich:
— Die Bemühungen um ein *kindgerechtes Fernsehen* sind in der Bundesrepublik recht gering und können sich aufgrund der ungenügenden Beachtung der Forschungsergebnisse, aufgrund der schwachen Stellung der Kinderredaktionen und angesichts der völlig unzureichenden Vertretung „kindlicher Interessen" in den Aufsichtsgremien auch kaum durchsetzen.
— Durch ein größeres Angebot an kindgerechten Sendungen wird die *Problematik des kindlichen Fernsehkonsums* keineswegs beseitigt, da ihre Verarbeitungsfähigkeit medialer Eindrücke begrenzt ist und die Kinderprogramme weithin abgewählt werden.

Insofern müssen Bemühungen um ein kindgerechtes Fernsehangebot im Zusammenhang mit den Medieneinstellungen von Kindern, Eltern und Erziehern gesehen werden. Die Einstellung zum kindlichen Fernsehen aber hat sich in der Bundesrepublik recht unkritisch entwickelt, weil Bildungspolitik und Medien in den 70er Jahren falsche Erwartungen (hinsichtlich eines kindgerechten Angebots) geweckt, den kindlichen Medienkonsum angereizt und dann Eltern wie Pädagogen bei der Bewältigung der Medieneindrücke allein gelassen haben.

Diesen Entwicklungsprozeß sollte man bei der Einführung der „Neuen Medien" aufmerksamer als bisher beachten.

Dr. Michaela Glöckler:

Neue Medien — Neue Pädagogik?
— Thesen über eine „andere" pädagogische Praxis —

In den mir zur Verfügung stehenden 20 Minuten möchte ich mich auf drei Gesichtspunkte beschränken und denke, daß wir für eine Reihe anderer Aspekte in dem nachfolgenden Gespräch noch Zeit haben werden. Dabei sei ein *pädagogischer Ausgangspunkt* gewählt:
Wir sind sicher alle damit einverstanden, zu sagen, daß wir der heranwachsenden Jugend dadurch am besten helfen können, daß wir im Umgang mit ihr folgendes fragen:
1. Fördert das, was ich mit dem Kind oder dem Jugendlichen unternehme, seine Entwicklung zur persönlichen Selbständigkeit? D.h., daß wir jede auch noch so gewohnte und bisher gehandhabte Maßnahme unter diesem Gesichtspunkt noch einmal zu überprüfen hätten. Für uns hier hieße das: Wo fördert der Einsatz von Medien die Erziehung zur Urteilsfähigkeit, zur inneren Selbständigkeit?
2. Wie fördere ich durch das, was ich mit dem Kind tue, sein Interesse an der Mitwelt? Daraufhin müßten wir uns hier ebenfalls fragen: Was kann insbesondere das Fernsehen dazu beitragen?
Der Erwachsene wird durch den Gebrauch von Medien sowohl in seiner Selbständigkeit als auch in seiner Interessefähigkeit auf weite Strecken hin gefördert. Diese Förderung ist nur dann in Frage gestellt, wenn für ihn das Fernsehen zur „Droge" wird, ein Medium, von dem er sich bloß „berieseln" läßt. Ein gewisses Maß seelischer Gesundheit bzw. Mündigkeit ist demnach Voraussetzung, um gefördert werden zu können. *Wie ist es aber beim Kind?* Hier möchte ich bei der Beurteilung ganz bewußt alles ausklammern, was den Inhalt von Fernsehsendungen betrifft. Denn darüber besitzen sie ja sicher schon sehr viel Material. Ich will mich in meinen Ausführungen auf drei Dinge beschränken, die unabhängig vom Inhalt des Programms, unabhängig davon, ob das Kind Vielseher oder Wenigseher ist, bei jeder Minute, die ferngesehen wird, gelten. Sie sind demnach auch unabhängig von der Intelligenz des einzelnen und von der sozialen Situation, in der er lebt. Es handelt sich also um physiologische Vorgänge, die immer wirksam werden, wenn Kinder fernsehen.

1. Unwillkürlicher Aktivitätsstau — chaotischer Bewegungsdrang

Lassen Sie mich aphoristisch beginnen. Während meines Studiums in der Augenklinik in Marburg fiel mir auf, daß auf jedem Korridor und auch in den meisten Patientenzimmern Fernsehapparate standen. Ich fragte den kursgebenden Arzt, was denn das mit der Augenheilkunde zu tun hätte? Der lachte und meinte, das sei eine sehr gute Frage, denn die Apparate ständen hier wirklich aus therapeutischer Indikation. Nach Augenoperationen sei es oft das größte und bisher ungelöste Problem gewesen, wie das Auge zur Unterstützung des Heilverlaufes nach der Operation ruhig gestellt werden könnte. Er sagte weiter: „Wir verordnen daher unseren diffizilen Patienten mindestens 5 Stunden täglich Fernsehkonsum, weil das eine Zeitspanne ist, die sich bereits auf den Heilverlauf günstig auswirkt." Daraufhin fragte ich: „Ja genügt es denn nicht, wenn man sich ruhig hinlegt und die Augen zumacht?" Antwort: „Natürlich nicht. Denn da wandern und rollen die Augäpfel, und bei jedem schönen Gedanken zittert es mal hierhin und dorthin. Beim Dösigwerden treten Remschlafphänomene auf — von Ruhigstellung kann also nicht die Rede sein." Vor dem Bildschirm dagegen ist das Auge vollkommen in Ruhe, wenn ein Abstand zwischen Auge und Bildfläche von 5 m eingehalten wird, denn dieses ist die Distanz, innerhalb derer es dem Auge möglich ist, die gesamte optische Situation zu erfassen, ohne daß sich die Augen von rechts nach links oder von unten nach oben zur vollständigen Erfassung des Gegenstandes bewegen müssen. D.h. es ist ein Abstand, bei dem sich nur das Bild bewegt, der Blick jedoch starr ist und nur fixieren muß. Nun ist es interessant, daß unser Muskelsystem einheitlich funktioniert. Jeder kennt dieses, bei dem schon einmal ein Muskel erkältet oder entzündet war. Denn der verspannte Muskel tut bei fast jeder Bewegung weh — ganz gleich, ob er sich am Rücken, am Hals oder an den Gliedmaßen befindet. Immer kommt es — ohne daß wir es wollen — zu einer schmerzhaften Mitbewegung. Genau so ist es nur in umgekehrter Weise, wenn die Augenmuskeln in Ruhe angespannt sind: Das gesamte Skelettmuskelsystem gerät ebenfalls mit in Anspannung. Dadurch kommt diese *motorische Starre vor dem Bildschirm* zustande, die für das Fernsehen typisch ist. Physiologisch sehr gut verständlich — ausgelöst durch die Blickstarre. Das hat zur Folge, daß ganz besonders in der Vorschulzeit, wo ein normales Kind sich am liebsten ständig bewegt und nie starr ist, eine solche Haltung *dem gesunden Entwicklungsbedürfnis entgegenwirkt.* Gerade in dieser Zeit machen wir daher die bedauerliche Erfahrung, daß im Anschluß an die Periode abnormer Starrheit vor dem Bildschirm — auch wenn diese nur 10 Minuten dauert — eine etwa doppelt so lange Phase sich anschließt, welche von einem oft *chaotischen Bewegungsdrang* geprägt ist. Deswegen — nicht in erster Linie durch den vielleicht aggressiven Inhalt der Sendung — kommt es nach dem *durch die Blickstarre indizierten Aktivitätsstau* zu einer kompensatorischen unwillkürlichen Aktivitätsmobilisierung. Diese kann das Kind ebenso wenig beherrschen, wie es vorher die Blickstarre bewußt herbeigeführt hat. Daraus resultieren dann die bekannten Phänomene, die das Verhalten der Kinder nach dem Fernsehgenuß prägen können: Ungehemmte und ungezielte Handlungen, Spielunfähigkeit, Grimassieren, bizarres wiederholtes Nachäffen bestimmter Gesten, die gesehen wurden, seelische Labilität u.ä. All diese Phänomene treten unabhängig vom Inhalt der Sendung auf. Es ist meiner Ansicht nach ein Trugschluß, für den nach dem Fernsehkonsum eintretenden chaotischen Bewegungsdrang nur bestimmte Inhalte der Sendung verantwortlich zu machen. Ganz abgesehen von der Tatsache — die wir eben von Professor Furian gehört haben —, daß die Kinder die Inhalte der Sendung doch erst ab 8/9 Jahren verstehen.

2. Verlust der Sinnesmannigfaltigkeit

Hierauf wurde bereits hingewiesen. Daher kann ich diesen Passus kurz machen. Die Weltbeziehung wird reduziert auf Auge und Ohr. Der ganze Umkreis aber — Wärmewahrnehmung, Kälte, Sensibilität und Tasten, Atmung, Regsamkeit, seelisches Leben, persönliche Beziehungen — alles das wird ausgeschaltet. *Das Kind entnimmt einem technischen Surrogat über Auge und Ohr Teilinformationen,* wobei es aufgrund seiner Unreife noch nicht die Möglichkeit hat, aus dem eigenen Inneren durch persönliche Lebenserfahrung das Fehlende zu ergänzen. Dieses ist natürlich dem Jugendlichen und dem Erwachsenen unschwer möglich. Für diese gilt daher dieser zweite Gesichtspunkt nicht.

3. Passivität statt Aktivität

Bereits im Februar 1971 wurde im „Journal of Advertising Research" eine Untersuchung veröffentlicht, die während des Sehens von Werbesendungen durchgeführt wurde. Man stellte fest, daß das abgeleitete EEG mehr oder weniger stark ausgeprägt Dösigkeits- bzw. Einschlafmuster zeigte. Es kam zu einer Verlangsamung und teilweise auch zum Verfall des Alpharhythmus' u.a. Das heißt, *es wurde gerade das beobachtet, was der Entwicklung eigener Urteilsfähigkeit und Wachheit entgegenwirkt, nämlich Schläfrigkeit.* Hinzu kommt noch eine weitere Tatsache, die man aus der Förderung der Bewegungsentwicklung hirngeschädigter Kinder kennt. Diese werden ja nicht verstandesmäßig trainiert. Vielmehr wird mit ihnen Gymnastik gemacht, weil eine Unterstützung und Förderung der Bewegungsentwicklung sich nicht nur auf die körperliche Geschicklichkeit, sondern gerade auch auf die Intelligenzentwicklung fördernd auswirkt. Die Feinmotorik und ein vor allem sinnvoll durchgeführtes Bewegungsmuster bewirken eine Anregung der nicht geschädigten Hirnbezirke zu verstärkter Adaptation und Übernahme von neuen Funktionen. Je früher mit solchen Übungen begonnen wird, um so mehr kann erreicht werden, weil das Gehirn ganz besonders im ersten Lebensjahr noch grundlegenden Reifungsprozessen unterworfen ist. Das heißt, wenn Sie fragen: „Wie erziehe ich ein Gehirn zum selbständigen Denken?", so muß geantwortet werden: „Ganz gewiß nicht dadurch, daß wir es dezent einschläfern, ihm passiv Inhalte aufprägen, ohne die Möglichkeit, sich dabei aktiv einzuschalten." Jedes Organ bildet sich an seiner Funktion. Ein Muskel, der in Gips gelegt wird, wird schmal und schlapp — d.h. er atrophiert. *Mit dem Gehirn ist es ähnlich. Wird es nicht in seiner Aufbauphase aktiv benutzt* (die Ausreifung der Sekundär- und Tertiärstruktur durchzieht die gesamte Wachstumsperiode), *so bahnen sich in all den Zeiten, wo ferngesehen wird, dort Funktionsweisen in der Sekundär- und Tertiärstruktur an, die das Gehirn zu einer gewissen Passivität und Unselbständigkeit bezüglich seiner Funktionsweise disponieren.* Wer kann an einer solchen Passivierung ein Interesse haben? Heute morgen sagte einer von Ihnen, ob nicht hinter der Tatsache, daß ein ständig steigender Fernsehkonsum im Kindesalter zugelassen wird, politische Absichten steckten. Ich möchte hier nicht so weit gehen, hinter so einem Verhalten bewußt verfolgte politische Absichten anzunehmen. Ich würde vielmehr hinter einem solchen Verhalten „unbeabsichtigte Absichten" vermuten. Denn ein zur Passivität bereits strukturell veranlagtes Gehirn trägt tatsächlich zu einer Lebenshaltung bei, die sich leichter lenken und anpassen läßt. Es disponiert zu *Meinungskollektivismus* und *Unselbständigkeit.* Unter diesem Gesichtspunkt kann ich auch die Argumente Professor Furians bezüglich möglicher Isolationsängste bei Kindern, die nicht fernsehen dürfen, nicht teilen. Im Gegenteil! Selbständigkeit wird ja nicht dadurch gefördert, daß alle Kinder das gleiche bekommen. Wenn z.B. 10 Kinder die „Sesamstraße" gesehen haben, so wird die Selbständigkeit des 11. mehr gefördert, wenn es die „Sesamstraße" nicht gesehen hat und sich trotzdem in dem durch die „Sesamstraße" geprägten Meinungskollektiv behaupten muß. Das hat eine Stärkung, nicht jedoch eine Schwächung der Persönlichkeit zur Fol-

ge. In meinen Augen ist es eine Erziehung zur Unselbständigkeit, zur besseren Lenkbarkeit, zur Urteilslosigkeit und zum Meinungskollektivismus, wenn man dafür sorgt, daß nur ja alle Kinder dasselbe gesehen haben, damit sie nicht ausgelacht werden können, weil sie es nicht gesehen haben.
Aus den drei genannten Gründen möchte ich meine 20 Minuten etwas provokativ abschließen: Für mich ist die beste Medienpädagogik diese, die in jeder Beziehung Selbständigkeit und Interesse des Kindes fördert. Interesse aber erzeugt sich nicht am Bildschirm, sondern am konkreten Menschen, am konkreten Hasen, am konkreten Garten, am konkreten Haushalt. Das heißt, wenn Medienpädagogik als das Lernen verstanden wird, mit dem Medium Fernsehen oder anderen Medien umzugehen, so sollte erst zu einem Zeitpunkt damit begonnen werden, zu dem das Kind ein gewisses Maß seelischer Reife und ein bereits zum selbständigen Denken und Informationsverarbeiten disponiertes Gehirn hat: Das heißt ab dem 11./12. Lebensjahr. Vielleicht ist in diesem Zusammenhang für Sie auch die Erfahrung interessant, die in der Kindersprechstunde immer wieder gemacht werden kann, wenn es gelingt, eine Familie probeweise dazu zu bringen, den Fernsehapparat für eine Zeit auszuschalten. Wird in den fernsehlosen Zeiten mit den Kindern alternativ etwas gemacht, bei dem sie ganz aktiv sein können, so werden nach Ablauf dieser Frist von den Eltern ganz erstaunliche Ergebnisse bezüglich des Experimentes berichtet. Nicht einverstanden bin ich mit dem medienpädagogischen Argument Professor Furians, den Umgang mit dem Medium schon im Kindergartenalter spielerisch zu üben, da in diesem Alter Verhaltensmuster am allerbesten übernommen und eingeübt werden könnten und so z.B. das „Abschalten" frühzeitig trainiert würde. Ich halte alle bewußten Verhaltenskonditionierungen für einen Eingriff in die Freiheit des sich entwickelnden Menschen, die gerade das selbständige und selbstbewußte Umgehen mit bestimmten Dingen vorwegnehmen und dadurch stören bzw. verhindern können. Auch „gutes Verhalten" sollte vom Kind selbständig erlernt werden, ohne daß ihm in der Phase der noch vorhandenen Unselbständigkeit Verhaltensmuster zwangsweise aufgeprägt werden. Ich sehe in solchen Verfrühungen ein echtes pädagogisches Problem unserer Zeit. Birgt doch jedes verfrühte Training einer Eigenschaft, die sich ohne Training erst später entwickeln würde, die Gefahr, Unsicherheit, Unselbständigkeit und nicht bewußt gelenkte Anpassung zu bewirken. Wir kennen doch alle aus unserer Schulzeit — ja vielleicht sogar aus dem Studium — gut das Phänomen, wie unsere Originalität und unser Leistungsvermögen nachlassen, wenn wir uns überfordert fühlen oder aber mehr lernen müssen, als wir in einer bestimmten Zeit eigentlich schaffen können. Ähnlich ist es auch mit Dingen, die zur Unzeit an das Kind herankommen. Es kann diese nicht selbständig erfassen und sich zu eigen machen. Das heißt, jedes verfrühte Trainieren einer Eigenschaft oder Kennenlernen von Gegenständen und Inhalten, denen es bewußtseinsmäßig noch nicht gewachsen ist, bringen das Kind in eine Überforderungssituation, in deren Folge Verunsicherung und Unselbständigkeit auftreten. Es wird allenfalls der Ehrgeiz stimuliert, etwas, was es selbst noch nicht richtig versteht, deswegen haben zu wollen, weil es die anderen auch haben.
In meinen Augen kommt der Zielgruppe der Erwachsenen und der Erzieher die entscheidende Aufgabe zu, den Gebrauch des Fernsehens und der Neuen Medien im Kindesalter neu zu überdenken und sich die Frage vorzulegen: „Wie kann

deren Einsatz Interesse und Selbständigkeit bei den Heranwachsenden fördern?"
Damit möchte ich gerne schließen, um zeitlich noch die Möglichkeit zu geben, ins Gespräch zu kommen.

Prof. Dr. Klaus Schleicher:

Neue Medien — Neue Pädagogik?
— Thesen über eine „andere" pädagogische Praxis —

Die Pädagogik hat eine Jahrhunderte alte Erfahrung im Umgang mit Kindern, die ihr selber leicht zum Verhängnis werden kann, wenn sie die veränderten Informations-, Sozialisations- und Lernbedingungen nicht hinreichend wahrnimmt.

Die „Neuen Medien" zeigen bisher nur ein recht einseitiges Interesse an Kindern, das Kindern leicht — zum Verhängnis — werden kann, wenn sie den technologischen Mechanismen und Marktmechanismen uneingeschränkt unterworfen werden. Nur auf diese beiden Aspekte kann ich aus zeitlichen Gründen eingehen.

1. Die Pädagogik befindet sich Medien gegenüber in einer dreifachen Nachlaufsituation:

Zum einen befindet sich die Pädagogik — das zeigt die Medienentwicklung vom Buch bis zu den Telespielen — in einer *zeitlichen und sozialen Nachlaufsituation.* Erst wird Technik produziert, dann ein Markt erschlossen, daraus ergeben sich soziale Veränderungen, und auf diese „reagiert" die Pädagogik — wie sich mit wenigen Beispielen belegen läßt:
Einerseits entstanden Kindergärten im Zuge der Industrialisierung, Berufsschulen zur Nutzung und Bewältigung des technologischen Wandels oder die Medienpädagogik als Reaktion auf eine inadäquate Mediennutzung der Kinder.
Andererseits veranlaßten mediale Neuerungen erhebliche Sozialveränderungen. So veranlaßte der Buchdruck die Entwicklung zur lesenden Gesellschaft, die Zeitungsproduktion das Entstehen einer öffentlichen Meinung, die Funkmedien eine Globalisierung der Information und werden die neuen medialen Verbundsysteme die Arbeits-, Freizeit- und Sozialstrukturen grundlegend verändern.
Gegenwärtig droht sich zwischen der medialen Veränderung und der pädagogischen Auseinandersetzung mit ihr eine zunehmend größere Scherenentwicklung anzubahnen. Dadurch würde die Pädagogik nicht nur unfähiger, auf die gesellschaftlichen Anforderungen vorzubereiten, sondern sie würde indirekt nur dazu beitragen, daß ein Teil ihrer Funktionen von Medien übernommen wird.
Außerdem befindet sich die Pädagogik aber noch in einer *strukturell-konzeptionellen Nachlaufsituation,* denn die Entwicklung von technischen Geräten (hardware) oder medialen Programmen ist meist weit fortgeschritten, wenn sich Pädagogik mit ihnen auseinandersetzt.
Wie sich Pädagogik dem technischen Gerätepark z.T. anpassen muß, zeigt sich bei jedem Schreibmaschinenkurs. Die Buchstabenfolge auf der Tastatur — oberste Zeile links z.B. QWERTZ — resultiert keinesfalls aus dem Verhältnis von Fingerfertigkeit und Buchstabenhäufigkeit, sondern wurde im Hinblick auf die Rückfallgeschwindigkeit der Anschlagtasten zusammengestellt. Obwohl das technische Problem lange gelöst ist, zwingt der bestehende Maschinenpark weiterhin zu einer an sich unsinnigen pädagogischen Anleitung.
Ähnliche Folgen ergeben sich heutzutage durch die Verwendung von Computerprogrammen wie Pascal oder Fortran beim Informatikunterricht an Schulen,

denn diese technologischen Programmsprachen waren entwickelt, bevor man sich um pädagogisch relevante Programmsprachen bemühte.
Als Konsequenz ergibt sich für die Pädagogik: Wenn wir uns nicht auf technologische Anleitungen oder medienpädagogische Aufarbeitungen beschränken wollen, dann muß sich Pädagogik frühzeitiger und intensiver mit den neuen Technologien befassen und sich an ihrer Entwicklung beteiligen, um sie zu domestizieren.
Schließlich aber kommt noch ein *Nachlauf der Pädagogik hinter der medialen Sozialisation von Kindern hinzu;* denn Kinder verfügen allgemein bereits über mediale Vorerfahrungen (z.b. mit dem Fernsehen oder elektronischen Spielen), wenn Pädagogik auf diese Erfahrungen eingeht.
Kennzeichnend ist einerseits, daß sich die Schule neuen gesellschaftlichen Problemen allgemein zunächst auf der Sekundarstufe II zuwendet, so ehemals bei der Medienpädagogik und heute bei der Informatik. Und die Begründung ist keineswegs abwegig, denn eine bewußte Auseinandersetzung erfordert ein erhebliches Maß an Kompetenz. Übersehen wird dabei nur, daß die kindlichen Einstellungen bereits erheblich vorgeprägt sind und daß ein Teil der Bevölkerung (die sog. Volksschulabgänger) ohne Hilfe bleibt.
Notwendig ist mithin, daß Pädagogik sich parallel zur kindlichen Mediennutzung um eine Medienerziehung bemüht und nicht erst im Nachhinein. Und zwar sollte diese Erziehung fächerübergreifend angelegt und nicht auf ein Fach beschränkt sein, sie sollte eine altersgemäße Nutzung und Bewältigung ermöglichen und die affektiven Bindungen an die Medien relativieren.
Insgesamt kann die *Pädagogik nur dann einen wesentlichen Beitrag zur Bewältigung der ,,Neuen Medien"* leisten, wenn sie ihre dreifache Nachlaufsituation erheblich verringert, d.h.,
— wenn sie sich frühzeitig mit den Neuen Medien auseinandersetzt,
— wenn sie sich an der Entwicklung der ,,soft-ware" beteiligt
— und wenn sie parallel zur kindlichen Mediennutzung mit der Medienerziehung beginnt.
Nachdem ich damit die Schwierigkeiten und Aufgaben der Pädagogik skizziert habe, lassen Sie mich nun konkret auf einige mediale Herausforderungen eingehen.

2. Kinder unter dem Einfluß von Video, Telespielen und Computern

Videoanlagen sind in Schweden und der Bundesrepublik mit am weitesten verbreitet. Genutzt werden diese Geräte einerseits für TV-Aufzeichnungen (die man sich zu anderen als den Sendezeiten anschaut), andererseits aber zum Abspielen von Inhalten, die nicht oder nur selten vom öffentlich-rechtlichen Fernsehen gesendet werden.
Im öffentlichen Ausleihhandel werden etwa 50 Prozent des Umsatzes mit Angeboten aus den Sparten ,,Action", ,,Horror", ,,Krieg" und ,,Porno" erreicht. Angesichts dieser Fernsehinhalte kann kaum verwundern, daß von ca. 8000 Videofilmen 400 bereits als jugendgefährdend bezeichnet sind und für weitere 1000 Antragsverfahren laufen. Nimmt man neueste Untersuchungsergebnisse aus England hinzu, so haben etwa ein Drittel der 5—6jährigen und die Hälfte der 9—10jährigen mindestens einen Videofilm gesehen, der als jugendgefährdend gilt.

Grundausstattung		Zusatzausstattung	
Konsole, Netzteil und:	Preis	Geräte:	Preis
Joysticks und Kassette »Pac-Man«	298,–	Paddles (Drehregler) Keybords (Tastaturen) Spezialregler Computermodule	79,– 79,– 79,– geplant
Steuerscheiben/Keybords und Kasette »Donkey Kong«	549,–	»Turbo« und Cockpit Computermodul Computertastatur Converter für Atari	289,– geplant geplant 289,–
Joysticks/Keybords und Kassette »BASIC« mit BASIC-Handbuch	498,–	Kassettenrecorder Normaltastatur Diskettenlaufwerk Interface mit Drucker	178,– 98,– geplant geplant
Joysticks/Keybords	219,–	keine	
Steuerscheiben/Keybords und eine Spielkassette	398,–	Computermodul mit Tastatur Musik-Synthesizer Sprach-Synthesizer	399,– 298,– 149,–
integrierte Sensortastatur und Joysticks	328,–	Schachmodul C7010	398,–
erweiterte Sensortastatur und Joysticks	448,–	Computermodul C7420 Kassettenrecorder	398,– 200,–
Kombinierte Steuereinheiten, integrierter Bildschirm und Spiel »Minestorm«	490,–	Lichtgriffel Computer-Tastatur 3D-Brille Computerperipherie	geplant geplant geplant geplant

Übersicht Telespielsysteme   1)

ORIGINALTITEL (Nr.) (ggf. zweiter Titel) Kategorie/Preisklasse	Kurzbeschreibung (ggf. Sonderausstattung)	Wieviel Spieler Wertung
CASINO (52) (Casino-Spiele) Glück I	Black Jack (17+4), Poker und Poker Solitaire mit kleinen Spielkarten. Ohne Atmosphäre. (Nur mit Drehregler)	1–4 —
CENTIPEDE (76) (Tausendfüßler) Action III	Ein Wurm rast durch den Pilzwald und muß verkürzt werden. Aggressive Flöhe und Spinnen mischen mit.	1–2 ✸✸
CIRCUS ATARI (30) Action II	Ein Uraltspiel: Clowns mit Wippe springen und lassen Luftballons platzen. (Nur mit Drehregler)	1–2 —
CODEBREAKER (43) (Geheimcode/NIM) Logik I	Mastermind mit Ziffern und das berühmte NIM-Spiel mit kleinen Stäbchen. (Nur mit Mini-Tastaturen)	1–2 —
COMBAT (1) (Panzer-/Flugzeugspiel) Action S–	Das erste Atari-Spiel, für Sammler zum Sonderpreis: Panzer und Flugzeuge beschießen sich in vielen Varianten.	2 OUT
DEFENDER (9) Action III	Außerirdische wollen die Menschen entführen und umprogrammieren. Der Abfangjäger hat viel zu tun.	1–2 ✸✸
DEMONS TO DIA- (15) MONDS (Dämonen ...) Action II	Dämonen sind zu treffen, dann verwandeln sie sich in Diamanten. Oder in Totenschädel. (Nur mit Drehregler)	1–2 ✸
DODGE 'EM (37) (Punkte-Rennen) Sport I	Autos rasen im Labyrinth und verschlingen Punkte. Mit Beschleunigen, Spurwechsel und Abbremsen.	1–2 ✸✸
E.T. THE EXTRA (74) TERRESTRIAL Action III	Der Außerirdische sucht Telefonteile zusammen und sein Freund hilft ihm dabei. Simple Grafik, wenig Aktion.	1 ✸
GALAXIAN (84) Action III	Galaktische Krieger greifen in Wellen an. Ausweichen und schießen, konzentrieren und durchhalten.	1 NEU

Atari-Spiele (Vertrieb: Atari) für Atari VCS 2600   1)

[1] Obermair, G.: Tele-Spiele Report '84. München 1983, Seite 20f, Vgl. S 28f, 62f

So läßt sich die Entwicklung im Videobereich bisher nur dahingehend zusammenfassen:
— Es stehen kaum kindgemäße Angebote zur Verfügung,
— ungeeignete Sendungen sind für Kinder erreichbar,
— der Jugendschutz funktioniert nur sehr begrenzt,
— und weder Kulturverwaltungen noch Pädagogik haben auf die Videoentwicklung bisher einen nennenswerten Einfluß — falls sie überhaupt orientiert sind.
Ähnlich ist die Situation bei den *Telespielen*. Innerhalb der letzten beiden Jahre hat sich ein reichhaltiges Angebot entwickelt. Das Angebot reicht von Einfachspielen auf Armbanduhren bis zu kompletten Spielsystemen mit zahlreichen Kassetten, die auf mehreren Schwierigkeitsstufen durchgespielt werden können. Inhaltlich dominieren bisher ,,Science-Fiction''-, ,,Abenteuer''- und ,,Sport''-Spiele mit vorwiegend problematischen Handlungsmustern (wie Vernichtung, Überlistung, Flucht usw.).
Diese Spiele üben eine ungeheure Faszination auf Kinder aus, da hier jeder zur Beteiligung aufgefordert und ihm sofort Erfolge möglich und sichtbar werden, da Handlungs- und Entscheidungsmöglichkeiten suggeriert oder Identifikationen mit Traumberufen angeboten werden, da hier nur Reaktionsvermögen und Kurzzeitgedächtnis für Spielsequenzen benötigt werden, weil in einer Ersatzwelt dasjenige als erfolgreich simuliert werden kann, was in Umwelt und Schule nicht oder nur bei langfristiger Anstrengung möglich ist (s. hierzu Seiten 99 u. 100).
Und die Folgen für Kinder?
— Kurzfristig wird die Reaktions- und Konzentrationsfähigkeit gesteigert, längerfristig aber die geistige Aufnahme- und Anstrengungswilligkeit erheblich reduziert.
— Zudem wird nur eine funktional-technische, nicht aber eine soziale Spielfähigkeit entwickelt bzw. der Spieltrieb der Kinder überfremdet usw.
Auch hier befinden sich Bildungspolitik und Pädagogik wiederum in jener dreifachen Nachlaufsituation und nehmen auf die Entwicklung bisher kaum Einfluß.
Hier nun wäre an sich noch auf die Herausforderungen der *Computerwelt* einzugehen, denn hier befassen sich Bildungspolitik und Pädagogik tatsächlich mit einem ,,Neuen Medium''. Diese Auseinandersetzung — das muß betont werden — erfolgt jedoch weniger aus Eigeninteresse als vielmehr auf gesellschaftliche Forderung hin. Im Vordergrund steht dabei auch hier nicht die Überlegung, wie Kinder auf eine Bewältigung der Informationsgesellschaft vorbereitet werden können, sondern wie Schulen die internationale Wettbewerbsfähigkeit der deutschen Wirtschaft fördern können.
Wenn angesichts der raschen Computerisierung aller Lebensbereiche (ich erinnere nur an die Verwendung von Taschenrechnern, an Videotext und Datenschutz) die Schulen gegenwärtig mit Computern ausgerüstet und technische Programmsprachen von Lehrern und Schülern gelernt werden, dann reduziert sich der Unterricht weitgehend auf ein instrumentelles Funktionswissen, das eine bewußte Auseinandersetzung mit dem Neuen Medium tendenziell noch erschwert.
Nur sind — abgesehen von LOGO für den Vor- und Grundschulbereich — bisher keine kindgemäßen und pädagogisch relevanten Programme entwickelt und gibt es in der Bundesrepublik keinerlei Ansätze, um systematisch zu einer ,,computerliberacy'' hinzuführen.

2) Jugendamt der Stadt Gelsenkirchen: Stoppt die Gewalt. Gegen die Verherrlichung auf Video, Film und im Fernsehen.

2) Jugendamt der Stadt Gelsenkirchen: Stoppt die Gewalt. Gegen die Verherrlichung auf Video, Film und im Fernsehen.

Nachdem ich damit skizziert habe, wie Kinder durch Neue Medien herausgefordert werden, ohne daß Pädagogik und Bildungspolitik zu wesentlicher Hilfe in der Lage sind, kann jetzt nur noch thesenartig skizziert werden, in welchen Bereichen entscheidende Abklärungen, Neuorientierungen oder Entscheidungen anstehen. Entschuldigen Sie bitte die provozierende Kürze.

3. Politische und pädagogische Konsequenzen

— damit ,,Neue Medien" nicht zum Verhängnis für Kinder werden
— und Pädagogik zu ihrer angemessenen Nutzung und Bewältigung beitragen kann.

Die dargestellte Hilflosigkeit der Pädagogik gegenüber den ,,Neuen Medien" kann sich nur dann wesentlich verringern, wenn sie sich frühzeitiger mit medialen Neuentwicklungen auseinandersetzt und auf jene Entwicklungen einwirkt. Dies ist teilweise aber nur möglich, wenn sich nicht nur die pädagogische Einstellung, sondern auch die bildungs- und ordnungspolitischen Rahmenbedingungen ändern.

Ordnungspolitisch ist eine Neubesinnung auf die Grenzen der medialen ,,Informations"- und ,,Unterhaltungsfreiheit" erforderlich, wenn das ,,Kindeswohl" gewahrt werden soll.

Zwar gilt es, die Unabhängigkeit der Medien als demokratische Errungenschaft unbedingt zu sichern, doch setzt die freie Mediennutzung eine Mündigkeit voraus, die bei Kindern nicht gegeben ist. In dem Maße, wie Kinder mithin Zugang zu allen Medien erhalten, die sie vielfach nicht vergleichen können, müssen Staat und Gesellschaft sicherstellen, daß Medien das ,,Kindeswohl" stärker berücksichtigen.

Zu beachten wäre bei derartigen Bemühungen:
— Wenn einerseits schulpolitische Entscheidungen der Verwaltungskompetenz immer mehr entzogen und der parlamentarischen Kontrolle unterstellt werden, ist es dann angemessen, daß die mediale Sozialisation der Kinder (mit ihrem ,,hidden curriculum") teils dem Video- und Computermarkt, teils den Fernsehredakteuren anheimgestellt wird?
— Wenn in den Aufsichtsgremien der Medien die Hauptinteressengruppen der Erwachsenenwelt repräsentiert sind (z.B. Arbeitgeber- und Arbeitnehmerverbände), gilt es dann nicht auch, eine angemessene Sicherung der kindlichen Interessen sicherzustellen (z.B. durch Kinderschutz- und Familienverbände)?
— Oder wenn im Gesundheitsbereich ein Unschädlichkeitsnachweis für Pharmazeutika gefordert wird, sollten dann nicht auch Medienanbieter in größerem Maße nach einem Legitimationsnachweis für die Kindgemäßheit ihrer Produkte befragt werden — zumal Gesundheit nicht nur in physischer, sondern auch psychischer Hinsicht besteht (vgl. die WHO-Definition)?

Obwohl sich derartige Provokationen erheblich erweitern ließen, beschränke ich mich auf einige abschließende Forderungen an die Pädagogik.
— Wenn die Medien die affektive Zuwendung ihrer Nutzer bewußt einplanen, kann Pädagogik sich nicht traditionsgemäß auf Information und Aufklärung beschränken, sondern sie muß sich auch um eine affektive Erziehung bemühen.
— Da Medien ferner eine bewußtseinsbildende, kommunikationsbeteiligte und handlungsbefähigende Dimension enthalten, darf Didaktik die Medien nicht nur

als Vermittlungsvariablen begreifen. Hier sind neue didaktische Gesamtkonzeptionen überfällig.

— Da Medien schließlich dort am stärksten zur Freigestaltung genutzt werden, wo Handlungsräume fehlen oder wenig Eigeninteresse und -initiative entwickelt ist, erscheint mir folgendes am wichtigsten: Kindergarten und Schule müssen in größerem Maße als bisher die kindlichen Phantasiekräfte und Eigeninteressen fördern, ihnen Handlungsräume zur Selbsterprobung anbieten und ihre Selbststeuerung anbahnen. Denn davon hängt wesentlich ab, ob sie später Idolen oder Idealen, medialer Unterhaltung oder eigenen Zielsetzungen, vermarkteten Angeboten oder sozialen Aufgaben folgen.

Auszüge aus der folgenden Diskussion

Prof. Dr. Bernd Peter Lange:
Ich möchte auf zwei Punkte eingehen, die Herr Schleicher angesprochen hat. Wir haben eine schleichende Binnenkommerzialisierung — auch der vorhandenen Fernsehprogramme — zu verzeichnen. Gerade wenn man dieses öffentlich-rechtliche System für ein vernünftiges System hält, das man gegen privatwirtschaftliche Konkurrenz verteidigen will, muß man auch kritisieren, daß man amerikanische Serien, die nach privatwirtschaftlicher Methode geschnitten und produziert worden sind, ankauft, die Werbung herausnimmt und sie dann hier als öffentlich-rechtliches Programm „verkauft".
All die Kritik, die ich am kommerziellen Fernsehen habe, gilt dann natürlich auch für solche Serien. Außerdem ist es der Sündenfall des öffentlich-rechtlichen Fernsehens gewesen, Werbung einzuführen — und dann noch zu einer Zeit, wo besonders Kinder dieses Medium benutzen. Dies ist ein Punkt, der als Kritik am bestehenden Fernsehen anzubringen ist. Wir haben genug Probleme mit dem heute vorhandenen Fernsehen; wir sollten uns davor schützen, weitere Probleme dadurch zu bekommen, daß die Programme ausgeweitet werden, von anderen Produzenten kommen und dergleichen.
Eine zweite Anmerkung, zum Thema Staatsfreiheit: Ich glaube, man muß hier aus juristischer Sicht unterscheiden zwischen der Anforderung „Staatsfreiheit" (was die Inhalte von Programmen angeht) unter dem Zensurverbot auf der einen Seite und der staatlichen Verantwortung für Pädagogik im Bildungsbereich auf der anderen Seite. Und insofern würde ich das Thema „Staatsfreiheit" nicht so weit ausdehnen wollen, daß man sagen könnte, wir dürfen vom Pädagogischen her nicht eingreifen. Da ist ein gewisses Spannungsverhältnis gegeben, wo aber Spielräume durchaus für staatliches Handeln gegeben sind.
Gestatten Sie mir noch zwei weitere Anmerkungen: Zu Frau Dr. Glöckler möchte ich sagen: Wir haben eine Diskussion über gesundheitliche Auswirkungen von Arbeit an Bildschirmen. Diese ist sehr mühsam in Gang gekommen, aber wir haben keine ähnliche Diskussion über die gesundheitlichen Auswirkungen, was das Fernsehen angeht, je ausführlich geführt. Dabei handelt es sich in gewissem Sinne auch um Bildschirmarbeit oder Arbeit vor dem Bildschirm, auch wenn man das jetzt so nehmen muß, wie Sie es geschildert haben. Es wäre deshalb ganz wünschenswert, wenn dieses Wissen auch verbreitet werden würde, wenn diese Diskussion zusammengeführt werden könnte. Ich halte es für sehr wichtig, die Trennung auf dem Gebiet zwischen Arbeitsmedizin und „Freizeit-Medizin" aufzuheben und diese sehr viel stärker in die Öffentlichkeit hineinzutragen. Um die Diskussion anzuregen, haben wir doch bisher nur den Blick auf den beruflichen Bereich geworfen und all die Auswirkungen des Fernsehens unter dem Motto „Der mündige Bürger kann machen was er will" gefährlicherweise ausgeblendet. Dieses führt mich zu einem weiteren Punkt: Ich unterstütze voll die Forderung, daß wir aus diesem Nachlaufen herauskommen müssen und daß es Ziel sein muß, die technische Gestaltung schon von vornherein mit zu beeinflussen und sie

auf soziale Bedürfnisse zuzuschneiden, um dann im Nachhinein nicht die sozialen Probleme zu bekommen. Dazu bedarf es jedoch einiger Umstrukturierungen. Erstens: Wir brauchen in der Wissenschaft statt der immer weiteren Spezialisierung einzelner Disziplinen viel mehr integrative Ansätze, so wie es auf diesem AGJ-GESPRÄCH versucht worden ist, um aus verschiedenen Bereichen Erkenntnisse zusammenzutragen und dadurch ein Gesamtbild zu bekommen. Dieses muß zweitens dazu führen, daß die Politik wieder zu einer Gesamtverantwortung kommt, weg von der ressortsichtbedingten Zersplitterung in Wirtschaftspolitik hier, Sozialpolitik dort und woanders noch Medienpolitik. Gerade diese Situation führt dazu, daß jeder Politikbereich die Verantwortung auf den anderen abwälzt. Mir ist durchaus klar, daß dieser Vorschlag eine ganz große Herausforderung für den Wissenschafts- und Politikbereich bedeutet, entspricht er doch nicht der Tradition sowohl unseres Wissenschaftsverständnisses als auch des herrschenden Politikverständnisses. Hinzu kommt eine Kollision mit herrschenden Interessenpositionen. Nur sollte man sich nicht der Illusion hingeben, daß das sozusagen von heute auf morgen machbar ist, weil wir große Defizite haben, Politik in dieser Form zu bündeln und vorausschauend praktisch hier einen Schritt weiterzukommen.

Christa Preissing:
Eine Frage ist mir immer noch zu kurz gekommen, nämlich die Frage, warum die Kinder denn überhaupt soviel fernsehen. Welche Kinder sind das, die so viel fernsehen, die die Vielseher sind und auf die diese Gefahren also zutreffen, welche Herr Prof. Furian heute morgen ausgebreitet hat? Das gleiche gilt für diese Tele- und Videospiele.
Was macht die Faszination dieser Spiele überhaupt aus? Trifft sie auf alle Gruppen für Kinder und Jugendliche in gleichem Maße zu? Haben wir dazu Aussagen? Nach welchen Indikatoren befragen wir die Lebenssituation von Kindern? Mir ist trotz der Ergebnisse der Wirkungsforschung immer noch sehr unklar, inwieweit solche Durchschnittsdaten — Befragungen mit standardisierten Methoden — uns differenzierte Ergebnisse liefern können, die uns bei unseren Aussagen helfen können. Deshalb noch einmal die Frage: Welche Jugendlichen sind das denn genau, die da in einer bestimmten Art und Weise disponiert sind, die auf die Wirkung der Neuen Medien abfahren? Darauf brauchen wir genauere Antworten, um davon dann das spezielle pädagogische Konzept abzuleiten.

Regina Schumacher-Goldner:
Meine Vorrednerin ergänzend möchte ich um mehr Differenzierung bitten. Wir müssen differenzieren zwischen den Sehgewohnheiten von Jungen und Mädchen. Es gibt Beobachtungen, daß Jungen sich in der Hauptsache diese schrecklichen Horror-Videokassetten ansehen. Telespiele und Automatenspiele werden auch eher von Jungen benutzt. Wie die Fernsehnutzung von Kindern geschlechtsspezifisch aussieht, das weiß ich nicht, aber wir können nicht einfach sagen, *die* Kinder, da diese ganz unterschiedlich agieren und reagieren. Das möchte ich in der Diskussion berücksichtigt wissen.

Prof. Martin Furian:
Ja, es gibt diese differenzierenden Untersuchungen. Nur bitte ich Sie, nicht nur Gewaltsendungen problematisch zu sehen. Es ist zwar richtig, daß Mädchen

weniger häufig Gewalt sehen, aber sie sehen dafür andere problematische Dinge — nehmen wir z.B. Rollenfixierungen. Gerade in Familiensendungen werden häufig sehr problematische Rollenfixierungen geboten.
Warum sehen Kinder so viel fern? Aus meiner Sicht kann ich das schnell zusammenfassen. Es gibt drei Punkte; ich habe das vorhin aufgehängt an den sozialen Verhältnissen, ich will das jetzt aus einer anderen Sicht beleuchten: Zum einen sehen sie fern, obwohl sie kein inneres Bedürfnis zum Fernsehen haben. Das gilt vor allem für das jüngere Kind bis etwa 8/9 Jahren, das ja ein reines Spiel- und Bewegungskind ist. Es sieht trotzdem viel fern. Es sieht aber nicht fern, weil es ein inneres Bedürfnis dazu hat, sondern sieht fern, weil es sich anpaßt. Es paßt sich an, z.b. daran, wo es die Eltern antrifft, um seine emotionalen Bedürfnisse abzudecken. Es paßt sich aber auch daran an, was in seiner Umwelt als groß und erwachsen gilt. Das heißt also: Wer viel fernsieht, wer still fernsieht, wer keine Angst hat und wer alles fernsehen darf, ist eigentlich im Status gehoben, und das Kind paßt sich an. Das ist also der eine Grund — die Anpassung. Ein zweiter Grund ist, daß das Kind Ersatzgesprächs- und Kommunikationspartner sucht, die es in der Realität nicht zu bestimmten Zeiten findet. Sie können das etwa in der Spielrunde von Kindern beobachten. Eins läuft weg mit der Begründung, die Sendung fängt an, und schon steht das Kind alleine und hat keine Spiel- und Kommunikationspartner, keine Interaktionspartner mehr. Es sucht also sozusagen Ersatzpartner. Der dritte Punkt, der stark mit den Ausführungen von Frau Dr. Glöckler korrespondiert, ist: Die Selbstbehauptung des Kindes als Nichtseher ist unterstreichenswert, nur muß in der Zeit beim Kind dann etwas anderes passieren. Das heißt, es müßte Verhaltensalternativen zur Verfügung haben. Und hier sehe ich das ganz große pädagogische Problem, daß Eltern es nicht vermögen, ihren Kindern Verhaltensalternativen anzubieten. In dem Augenblick, wo das Kind keine Verhaltensalternative hat und auf die Frage etwa: „Was hast du denn gemacht am Sonntag?" sagen muß: „Ich habe mich gelangweilt", kann ich nicht mehr mit Selbstbehauptungswillen argumentieren, sondern dann müßte ich dem Kind etwas an die Hand geben können.

Dr. Michaela Glöckler:

In Ergänzung noch zwei Gesichtspunkte im Anschluß daran: Bei den älteren Kindern kommt die bequeme Art hinzu, sich zu beschäftigen. Bequemlichkeit ist leider oder typischerweise für uns Menschen ein ganz großes Motiv, weil Anstrengung eben Anstrengung ist. Jede echte menschliche Fähigkeit ist immer mit Mühe und Anstrengung verbunden, und eine Entwicklung zum Verlust von menschlichen Fähigkeiten geht immer über den Strang der Bequemlichkeit. Das ist ein Gesichtspunkt, den wir im Auge behalten müssen. Es ist eben bequem, sich vom Fernsehen beschäftigen zu lassen. Das ist ein Gesichtspunkt, vor allem für das ältere Kind. Und daß die ganz Kleinen, obwohl sie noch in der motorischen und bewegungsdisponierten Entwicklungsphase sind, trotzdem auch fasziniert angezogen werden von Kassetten und von blinkenden und blitzenden Dingen, das liegt an der außerordentlichen Sinneswachheit, in der sich diese kleinen Kinder befinden. Das wurde vorhin so schön gesagt: Diese suggestiven Geräusche und Farbphänomene sind unglaublich attraktiv; diese poppigen Farben, diese sich rasch bewegenden Dinge, die Klänge, die Musik, die Worte — auch wenn sie nicht verstanden werden — locken einfach zum Zusehen. Deshalb laufen die Kinder hin, und deswegen müssen wir sie auch davor schützen. Wir bekommen heute schon Säuglinge in die Klinik zur stationären Aufnahme, weil sie schwerste Schlafstörungen haben. Wenn man dann die Eltern fragt: ,,Wie steht es denn mit dem Medienkonsum zu Hause?", dann erfährt man meist, daß da die ,,Kiste" unablässig laufe. Und in der Klinik schlafen die Kinder zwei, drei Nächte, obwohl es da nicht zimperlich zugeht: Ständig Licht an, Licht aus und Krach auf dem Gang; sie schlafen selig und tief und sind meistens schon nach einer Woche wieder in Ordnung. Ein dritter Gesichtspunkt kommt hinzu: Es ist nicht nur Anpassung an die Eltern. Ich möchte das positiv formulieren. Es ist die Begeisterung der Eltern an den Computerspielen, an dem technischen Knowhow, weil das Spiele für Erwachsene sind und dort echte Begeisterung entsteht. Da sitzt natürlich der Knirps daneben und ist bzw. wird auch fasziniert. Ich kenne es noch von der elektrischen Eisenbahn, wenn der Vater selbst eine hatte und daran arbeitete, dann hat das Kind es genau so gemacht.

Prof. Dr. Klaus Schleicher:
Ich möchte doch noch kurz den Punkt der Kindgemäßheit ergänzen. Wo die Probleme der einzelnen Kinder liegen, wissen wir nicht genau. Wir wissen aber einiges: Z.B. ist es ein Phänomen, daß Landkinder mehr fernsehen als Stadtkinder. Das spricht nicht für die Sozialkriterien. Das ist also so eine Sache. Eine Ursache wird sein, daß das Fernsehen aus der Perspektive der Stadt für die Stadt gemacht wird und anteilmäßig vorwiegend auf dem Land konsumiert wird. Andere Faktoren wären stärker herauszudestillieren, z.B. für die einzelnen Jahre. Sie haben gestern bei Herrn Dr. Frank gehört, daß man jetzt anfängt, die einzelnen Jahre unterschiedlich zu berücksichtigen. Das ist aber nur eine Altersregulierung. Die Kinder entwickeln sich eben nicht altershomogen. Da wäre weiterhin zu fragen: ,,Was kommt an Rahmenbedingungen des einzelnen Elternhauses hinzu?" Da helfen auch keine ausländischen, wenn auch differenzierten Aussagen, denn die amerikanischen sind auf unsere Situation nicht übertragbar.
Zweitens: Alternativen. Ich würde sagen, die entscheidende Alternative zu Fernsehprogrammen ist die anwesende Person. Aus eigener Erfahrung kann ich sagen: Wenn ich subjektiv als Person Zeit für Kinder hatte, war kein Fernsehen interessant. Das ist die Frage von Person oder Nicht-Person. Und dies Vorhandensein von Nicht-Person führt zur Nutzung des Mediums und dann zu beschleunigten Medien, je schneller, desto attraktiver.
Dritter Punkt: Weshalb sind diese neuen Apparate so spannend? Bei dem Computer und dem Zauberwürfel läuft es anders als bei der Eisenbahn. Daran haben wir — die ältere Generation — gar kein Interesse, aber die junge hat großes Interesse daran. Da liegt ein völlig neuer Bezug vor. Wenn man bei der Bedienung dieser Geräte zusieht, da klinkt unsereins sehr schnell aus. Wer will schon im Sinne der Olympiade den Zauberwürfel 84 mal in der Minute drehen können? Der Zauberwürfel hat genau dasselbe Element, das diese Computerspiele auch haben: hohe Merkfähigkeit. Bei älteren Menschen wird sie ersetzt durch Analogiedenken. Wir haben diese nämlich gar nicht mehr; deshalb beteiligen wir uns nicht daran. Diese Merkfähigkeit ist in linearen Strängen für Kinder sehr schnell erlernbar. Sie wissen nicht, was sie gelernt haben, sie beherrschen aber die linearen Stränge und haben Erfolgserlebnisse. Das heißt, sie haben sich Muster, die außerordentlich simplifiziert sind, von ihren Lernmodalitäten her leicht einprägen können.

Bei den Maschinengeräten kommt noch hinzu, daß immer etwas angeboten wird, bei dem sie Erfolge haben. Und gerade diejenigen, die nie Erfolg haben, steigen am meisten auf die Maschinen um. Denn jetzt dürfen sie Auto fahren, obwohl sie noch nicht Autofahren dürfen. Jetzt können sie ihre Aggressionen gegen andere wenden, während die anderen sonst immer sagen: ,,An sich bist du ja doof!" Jetzt zeigt er, daß er in der Lage ist, damit umzugehen. Hier entstehen also Erfolgserlebnisse durch die kontinuierliche Anhebung des Leistungspegels und die Herausforderung, sich selbst zu übertrumpfen mit einem Belohnungssystem. Es entsteht eine Abhängigkeit von dem System, die so stark wird, daß — wenn Sie jemandem das Spiel wegnehmen — er sich aggressiv gegen Sie wendet. Genau so geht es mit dem Fernsehen, weil sie in Relation zueinander stehen. Ich habe in Stuttgart auf einer Tagung ein Experiment mit Filmausschnitten gemacht, die das Publikum sich ansehen sollte. Es sollte und war innerlich emotional engagiert dabei. Drehte ich plötzlich ab — man wollte ja etwas veranschaulichen —, dann kam emotional ein Bruch, und das Publikum wollte mit mir nicht sprechen. Das gleiche Element bei Jugendlichen oder bei Studenten führt zu Aggressionen. Ich frage nun: ,,Sind wir in der Lage, kontinuierlich Fernsehen oder Spiele nach dem Ablauf abzustellen?" ,,Wie häufig machen Sie das zu Hause?" Sie sehen, was emotional an Problemen besteht. Ich hoffe, dies war verdeutlichend.

Rudolf Schmidt:

Wir können hier auf solch einer Tagung die Medienhersteller nicht nur kritisieren. Wir müssen uns die Frage stellen: ,,Wie kommen wir da raus oder wie kommen wir in dieser Frage weiter?" Früher habe ich eine zeitlang beim Deutschen Verkehrssicherheitsrat gearbeitet, und der hat jetzt Medien für die Verkehrserziehung, für Kinder und Jugendliche, herstellen lassen. Da verlief das anders als beim Fernsehen. Da gab es einen Auftraggeber für pädagogische Medien. Zunächst ist man von der Unfallstatistik ausgegangen. Die Grundlagen wurden bei der Bundesanstalt für das Straßenwesen gefunden. Dann hat es pädagogische Fachkommissionen gegeben, die zusammengesetzt waren aus pädagogischen Experten des ADAC und der Verkehrswacht. Verkehrspsychologen haben mitgearbeitet und die Verkehrspädagogen aus den Kultusministerien. Nach der Konzeptionserstellung wurde ein Medienhersteller gesucht, der erst ein Pilotprogramm zu machen — eine Pilotsendung — herzustellen hatte. Diese wurde gesendet, getestet, und daran anschließend ging der Beitrag in die Produktion. Erst danach ging er auf den Sender. Nachträgliche Auswirkungen davon waren dann noch die Medienherstellung, wie Diaserien, Filmausschnitte, Spots mit didaktisch-methodischen Anleitungen und Schulungen für die Verkehrserzieher. In ähnlicher Weise verläuft auch die Medienherstellung über das Institut für Film und Bild in Wissenschaft und Unterricht usw. Frage nun: ,,Kann nicht ähnliches auch über Fachbeiräte beim Fernsehen erreicht werden?

Prof. Dr. Klaus Schleicher:

Es ist überhaupt nicht bestritten, daß es auch in der Bundesrepublik, auch bei einzelnen Fernsehanstalten immer solche erfolgreichen Arbeiten gegeben hat, wie Sie sie geschildert haben. Und man kann denjenigen, die dort tätig sind, auch ihre pädagogische Verantwortung nicht völlig absprechen. Nur muß man sagen: Es sind nur wenige Beispiele in der Masse der Angebote. Das zweite ist: Bei uns werden Angebote sehr häufig — auch bei dem, was wir für Kinder anbieten — nach Theoriekonzepten produziert. Wenn Sie mal angucken, wie das bei Play-School in England aussieht: Da wird kreativ mit einem Minimum an Aufwand gearbeitet, und bei uns wird mit viel fernsehtechnologischer Brillanz etwas, weit unter dem Aktivitätsniveau in England Liegendes, produziert. In den USA benehmen sich die privaten Fernsehanstalten genau so wie bei uns die öffentlichen, und deren Angebote kommen auch auf die gleiche Weise zustande. Nur gibt es in den USA auch staatlich finanzierte Bildungseinrichtungen und Sender. Da läuft das so, wie wir das von der Deutschen Verkehrswacht hörten. Deshalb die Frage: Sind wir nicht mit unserem Kinder- und Jugendprogramm so negativ wie die amerikanischen privaten Fernsehanstalten? Brauchen wir nicht eine ganz andere Dimension für unser öffentlich-rechtliches Fernsehen beim Kinderprogramm? Wir haben den außerordentlichen Nachteil: Wer Kindersendungen macht, steht im Image der Institution sehr tief, und der Staat überläßt sie dem Meinungsdruck in den eigenen Anstalten. Um zu einem kindgerechteren Programm zu kommen, müßten wir es dem alleinigen Einfluß der Medienanstalten entziehen.

Rudi Briel:

Die geschilderten Produktionsbedingungen sind in sich sehr verdeutlichend. Wenn Sie sehen, daß der Deutsche Verkehrssicherheitsrat eine politisch und finanziell starke Lobby im Rücken hat, aber nur sehr wenig Filme zu produzieren hat, demgegenüber die Jugendhilfe bei sehr großen Produktionsnotwendigkeiten kaum über eine Lobby verfügt, wird das Dilemma deutlich. Es gibt nicht die Lobby für eine allseitig entwickelte Persönlichkeit der Kinder — so wie es eine Lobby dafür gibt, daß Kinder nicht mehr unters Auto kommen —, die dann auch finanzkräftig investieren würde und möglicherweise auch gute Sendungen machen könnte.

Prof. Peter Weiß:

Ich habe nur drei kurze Fragen: Gibt es einen internationalen Vergleich von Kinder- und Jugendsendungen oder ist das überall so wie in unserem Lande? Wie ist das in den Ostblockstaaten? Ist das dort genauso oder wird dort der Erziehungspunkt anders gesehen? Und drittens: Ich frage mich, was die Pädagogen und Vertreter der Jugendarbeit in den Rundfunkräten machen. Ich kann mir vorstellen, daß sie sich dort oft nicht durchsetzen können, was ich ihnen nicht zum Vorwurf machen kann. Ich erwarte dann aber, daß sie dies — als Horchposten — öffentlich machen.
Und ich meine, es ist eine unserer Aufgaben als AGJ, dieses zu thematisieren und in die politische Auseinandersetzung zu bringen.

Prof. Martin Furian:

Das ist relativ einfach. Ich bin lange genug in einem Rundfunkrat gewesen, und ich kann Ihnen sagen, daß dort immer eine Gruppe von vielleicht 5, 6 pädagogisch interessierten Leuten unter insgesamt 32 saß. Nun können Sie sich die Mehrheitsverhältnisse ausrechnen.
Es gibt auch den internationalen Vergleich. Alle zwei Jahre wird in München der „Prix Jeunesse" vergeben. Dort können Sie dann sehen, was es an ausgezeichne-

ten Kindersendungen gibt. Bloß, es gibt sie nicht mit Regelmäßigkeit und in der notwendigen Menge. Das ist das Problem. Beim Fernsehen stehen die Damen und Herren unter dem Druck, laufend Sendezeit füllen zu müssen, weil angeblich nichts schwerer erträglich ist als ein dunkler Bildschirm. Und dieser Zwang, den Bildschirm ständig zu füllen, führt einfach dazu, daß die vorhandene Kreativität nicht ausreicht, um ständig gute Sendungen zu machen.

Prof. Dr. Klaus Schleicher:

Ich kann diese Ausführungen noch ergänzen: Wir kennen die Angebote aus England und Skandinavien, die qualitativ im Durchschnitt über denen der Bundesrepublik liegen. Das gleiche gilt für Sendungen aus den Ostblockstaaten, die offener, kindgemäßer und nicht derart künstlich — von Konzepten abgeleitet wie bei uns — produziert worden sind. In den Ostblockstaaten gibt es interessante Filme. Es gibt ausgezeichnete, bessere als bei uns. Gleichzeitig gibt es in fast 90 Prozent aller Filme eine politische Indoktrination. Das ist die Schwierigkeit beim Einkauf.

Noch ein Wort dazu, wo die AGJ eine Aufgabe hätte. Sie sagen mit Recht, hier ist kein Machtblock, keine entsprechende Lobby für eine allseitige Entwicklung der Kinder. Da sehe ich genau das Problem. Da hat auch die AGJ geschlafen. Hätte man ausgerechnet, welche Sozialkosten ein verstörtes Kind kostet — und das kann man auf Heller und Pfennig machen —, welche Sozialkosten ein Krimineller im Bau kostet, hätten solche Berechnungen vorgelegen, wären Sie zu einem ganz anderen Umgang mit der Lobby gekommen. Das also wäre die Aufforderung.

Dr. Rudolf Mayer:

Zum Letztgesagten, den Haushalts- oder Sozialkosten, möchte ich ironisch anmerken, daß auch die Politiker wissen, daß der Kindergarten früher finanziert werden muß als der Knast. Aus diesem Grunde fällt das in verschiedene Haushaltsjahre, und deshalb läßt sich diese Logik nicht herstellen. In der Pädagogik gibt es aus der Bildungsforschung eine Menge Belege für diese Art von Argumentation.

Aber ich habe ein paar Anmerkungen und Fragen auf ganz unterschiedlichen Ebenen: Zuerst möchte ich mich bei der AGJ bedanken, daß wir uns hier — ohne den Auftrag zu haben, zu einem bestimmten Ergebnis kommen zu müssen — unterhalten können. Dann habe ich die Frage: Sind Untersuchungen bekannt, die z.B. die Bedeutung von Ton, Bild und Wort mit unterschiedlichen Ergebnissen im Hinblick auf Kinder und Erwachsene bieten? Soweit ich informiert bin, ist es so, daß die Bedeutung z.B. des Tons für Erwachsene an dritte Stelle rückt und die Bedeutung des Wortes nach vorne. Dies wäre wichtig für unsere Einschätzung von der Bedeutung der Sendung. Ist das vielleicht auch ein Ansatz, der in der Elternbildung von Bedeutung sein könnte?

Prof. Martin Furian:

Eine Frage an Frau Dr. Glöckler: Sie haben vorhin vom Dösigkeits- bzw. Einschlafmuster gesprochen. Andere Forschungen machen aber sehr deutlich, daß beim Fernsehen der Kinder höchste Erregungszustände mit höchstem Pulsschlag auftreten. Wie ist das miteinander in Einklang zu bringen? Ich sehe eigentlich viel stärker dieses Erregungsmuster, das sich dann durchschlägt bis in psychosomatische Beeinträchtigungen.

Dr. Michaela Glöckler:

Ich möchte mit dem letzten beginnen: Diese Forschungen stammen bezeichnenderweise aus der Werbeforschung. Die Werbungen sind nämlich so gemacht, daß sie gerade den Lieblichkeits- und Langweiligkeitsgrad haben, damit sich das Dösigkeitsmuster einstellt. Das ist aus der breiten Werbewirkforschung in den USA herausgefunden worden, und sie werden von den Werbefachleuten entsprechend politisch benutzt. In Werbefachzeitschriften werden Werbefachleute dazu ermuntert, ihre Sendungen so zu machen, daß dieses Ziel erreicht wird, weil damit das Hirn runtergefahren wird, daß der Werbeeffekt maximal ist. Auf daß sich diese Inhalte „Kauf das und das!", „Trink Cola!" beim Einkauf automatisch wieder einstellen. Das ist das eine, und das andere ist, daß Sendungen, die emotional enorm stimulierend wirken, enorme Zacken, Spindeln, Beschleunigungen und vor allem auch chaotische Entladungen im EEG bewirken. Entsprechende Untersuchungen gibt es auch. Das ist bei jeder Sache anders, und bei verschiedenen meditativen Praktiken erreicht man auch ganz unterschiedliche Schlaftiefen.

Ich wollte aber noch eine Sache zum Punkt Erziehung zur Selbständigkeit ergänzen. Das war mein einer Fuß, und der andere Fuß ist das Interesse für die Mitwelt. Das ist für mich das gleiche wie Liebe. Ich habe absichtlich das Wort „Liebe" benutzt, weil Liebe in meinen Augen etwas ungeheuer Reifes, die Folge von echtem Interesse, ist. Ich kann nur wirklich das lieben, was ich kenne, wofür ich mich wirklich interessiert habe, und deswegen habe ich auch diese Vorstufe der Liebe als zweites pädagogisches Ziel genannt, nämlich die Erziehung zur Interessenfähigkeit. Interesse ist immer Folge einer ganz spezifischen Aktivität, durch Hinwendung auf den Gegenstand meines Interesses und kann nie durch Passivität erzeugt werden. Deswegen betrifft es ganz speziell diese medienpädagogische Frage.

Prof. Dr. Klaus Schleicher:

Erstens: Es wurde nach der Ton-, Bild-, Wortbedeutung und ihre Abfolgen für Erwachsene und Kinder gefragt. Da gibt es Ansätze; ich glaube aber, wir müssen eine zweite Reihenfolge daneben setzen. Ohne sie länger zu kommentieren, meine ich die völlig anderen Ablaufsysteme in Erwachsenen und in Kindern. Da gibt es eine Fülle, so daß man parallelisieren müßte. Beim Erwachsenen vom Denken zum Fühlen zum Wollen. Beim Kind vom Wollen, von der Aktivität zum Denken. Wenn wir Programm für Kinder machen, knüpfen wir dort an, aber nicht bei deren Prioritäten usw.

Der zweite Bereich ist: Wir müssen Medien nicht stärker nacheinander begucken, sondern sie im Zusammenhang sehen, als da sind: Fernsehen plus Spielgeräte. Man kann sich nicht mit einem alleine beschäftigen, ohne die Summe zu sehen. Am Beispiel dessen, was momentan die vorherrschenden Angebote beim Video sind, können Sie es ablesen. Hier bestärkt nämlich das Fernsehen die Videoabnahme und die Videoabnahme das Fernsehen. Alle Prioritäten der Zuschauer, die ich vorhin für das Fernsehen nannte, wiederholen sich in der Rangfolge der gefragten Videokassetten: Action, Kriminalfilme, Western, Horrorfilme, Science

Fiction. Der Rückgang beim Fernsehen basiert eben teilweise darauf, daß ich meine Priorität auf anderen Kanälen nachholen kann. Deshalb glaube ich nicht daran, daß man sich nur mit einem Medium beschäftigen kann, sondern man muß diese im Zusammenhang sehen.
Ich möchte noch einmal den Impuls von Herrn Prof. Dr. Lange aufgreifen und sagen: Mir scheint eben auch wichtig, was ich schon mal so vorsichtig antippte: Wir machen hier Beratung der Pädagogen durch Pädagogen unter weitgehendem Ausschluß der Medienproduzierenden und der politisch Entscheidenden. Und mein Wunsch wäre eben sehr stark — wenn man so etwas noch einmal macht —, das Forum gleichzeitig zur Selbstberatung, zur Politikberatung und zur Medienberatung zu nutzen, d.h., Politiker und Medienproduzierende miteinzubeziehen, weil wir von denen auch wieder lernen können, was für sie machbar ist.

Wilhelm Gerwig:

Ich würde gern noch einmal bei der Frage ansetzen: Was müssen die Medien eigentlich verdecken, daß eine solch starke Nachfrage danach entsteht? Und mir drängt sich nach den Ausführungen dieser beiden Tage ein bißchen ein theologischer Vergleich auf. Es gab Zeiten, in denen Menschen ausgeschlossen waren von der Partizipation der Macht, und die Kirche hat dann funktioniert als Opium oder als Jenseitsvertröstung.
In Zeiten, in denen Menschen ausgeschlossen sind vom sozialen Leben und einfach so existieren müssen — auch unter den Lebensbedingungen, wie es in der modernen Industriegesellschaft wohl nicht anders geht —, hat das Fernsehen ein Stück von dieser Opiumfunktion übernommen. Nicht eine Jenseitströstung, sondern eine Scheinweltvertröstung. Folgerung: Das Volk braucht das Fernsehen, so wie damals das Volk die Kirche gebraucht hat, denn wo darf geschrien werden, wo dürfen Konfliktlösungen wirklich laut ausgetragen werden, wo darf gespielt werden? Und so ein konkretes Beispiel „Da muß also die Medienerziehung her, damit das Kind nicht vom Auto überfahren wird" klingt einleuchtend. Aber muß da nicht weitergefragt werden: Was ist mit der Umwelt geschehen für das Kind? Wo sind die Spielplätze? Was ist da für eine Autogesellschaft und eine kinderfeindliche Umwelt um uns herum gewachsen? Anders herum: Wenn das Fernsehen ausfallen würde, wenn wir die Neuen Medien nicht ins Wohnzimmer reinreichen, damit die Lulle oder der Schnuller weiter funktioniert, was für eine anarchistische Potenz könnte da plötzlich entstehen, die wir wohl nicht wollen in diesen schönsten unserer Zeiten?

Adolf Richter-Meyer:

Ich war vorhin von dem Widerspruch überrascht, den Frau Dr. Glöckler — ohne zu wollen, glaube ich — aufgezeigt hat: Einerseits soll ein Grundbedürfnis von Kindern bis 9 Jahren diese Bewegungstätigkeit sein, andererseits sich ein Grundbedürfnis des Menschen nach Faulheit breitmachen. Das ist ein Widerspruch, der für mich erst einmal nicht geklärt ist. Das hat mich dazu veranlaßt, an die Umwelt zu denken. Wo haben die Kinder denn die Möglichkeit, aktiv zu werden? Wir haben uns im Fortbildungsinstitut mit der Frage befaßt: Wie sieht städtische Lebensumwelt aus und wie erreichen unterschiedliche Lebensumwelten, z.B. Neubaugebiete oder Altbaugebiete, für Kinder Möglichkeiten, innerhalb derer sie aktiv werden können? Und zum Stichwort „Kindheit heute" ist uns aufgefallen, daß zumindest in städtischen Neubaugebieten die Verplanung total ist. Da gibt es nichts zu gestalten, bis hin zum Rasen, der nicht genutzt werden darf. Die soziale Kontrolle ist ungeheuerlich durch Hausmeister, aber auch durch all die Leute, die von den Hochhäusern aus runterschauen auf die Aktivitätsbereiche der Kinder. So etwas wie Intimität gibt es nicht. Und man muß schon sagen, daß die Spielplätze, die ihnen dann eingerichtet werden — das gilt übrigens für Spielplätze in Städten allgemein nach unserer Erfahrung —, unter starker Kontrolle stehen, aber auch am Rand gesellschaftlicher Aktivitäten. Das sind Ghettos genau so wie die Kindertagesstätten oder andere Einrichtungen auch. Die Kinder wollen aber eigentlich aktiv sein. Gehen wir mal davon aus, daß das nach wie vor stimmt. Dann wollen sie aber auch in Verbindung aktiv sein, aber nicht in Ghettos. Ich denke, daß da irgendwo in dieses Gebiet die Medien eingreifen, weil alles das, was für das Kind nicht stattfindet — Intimität, Freundschaften, Aktivität, Gestaltung —, sozusagen auf dem Bildschirm wieder vergegenwärtigt wird als schnelle Abfolge von Bildern. Da findet eine Aktivität statt und im übrigen auch der Anschluß an die gesellschaftlichen Aktivitäten. Denn es wurde ja berichtet, daß nicht nur die Faszination der Bilder eine Rolle spielt, sondern auch der Druck auf einzelne auch ungeheuer hoch ist. Das erklärt für mich den Konsum der Kinder an diesen Medien.

Und im Zusammenhang mit dem geäußerten Wunsch, eine Lobby für Kinder zu schaffen, denke ich, daß das nicht nur in bezug auf Medien losgehen kann, sondern das muß Kindheit allgemein zum Gegenstand haben. Überrascht hat mich die Information von Herrn Prof. Dr. Schleicher, die mir auch nicht bekannt war, nämlich daß insgesamt die Landkinder am meisten diese Programme konsumieren. Das widerspricht meinen Überlegungen aber nicht ganz.

Dr. Michaela Glöckler:

Ich habe vielleicht nicht deutlich genug betont, daß es sich bei dem Bequemlichkeitsmotiv um ältere Kinder handelt. Und das sind gerade die, für die dieses spontane Bewegungsbedürfnis des Vorschulkindes nicht mehr gilt. Diese Bequemlichkeitssituation, die führt zu dem, was in der Literatur gut bekannt ist, nämlich dem Suchtverhalten des älteren Kindes, denn Bequemlichkeit ist die Vorbedingung für Sucht, weil man dort Anregung bekommt ohne eigene Anstrengung, und das ist Suchtverhalten. Sich etwas Schönes zukommen zu lassen auf lässigem Wege — so war das gemeint.

Christa Preissing:

Ich wollte nachfragen, ob ich richtig verstanden habe, daß wir schon genug darüber wissen, welche Kinder jetzt von den möglichen negativen Auswirkungen der Neuen Medien besonders betroffen sind. Daß man in der Jugendhilfe auch ausreichendes Wissen darüber hat, die Indikatoren, die wir bisher in der Sozialwissenschaft gehabt haben, zu nutzen, um zu testen, ob diese heute noch so zutreffen oder ob sie nicht zumindest ergänzt werden müssen. Ich glaube nicht — wenn ich an die Veränderungen im Verhältnis von Arbeit und Freizeit denke —, daß wir genügend Information haben. Kriegt nicht der Konsumbereich, der Freizeitbereich, neue und vielfältigere Funktionen zugewiesen, wenn immer mehr Jugendliche und Erwachsene im Arbeitsbereich entweder überhaupt keine Möglichkeit mehr haben, sich selbst zu verwirklichen oder bestimmten Interessen nachzugehen, weil es für viele keine Arbeit mehr gibt? Ob wir diese Dinge nicht auch in der Sozialwissenschaft stärker beachten müssen, um wirklich ein Wissen darüber zu haben, welche Kinder, Jugendliche und junge Erwachsene dann auch in diesem Bereich besonders betroffen sind?

Dr. Reinald Eichholz:
Der Kern meiner Aussage geht dahin, daß wir genug Wissen haben, um handeln zu können. Es kann noch viel an Wissen dazukommen, und das ist auch von Gewinn. Aber das macht die bisher vorliegenden Kenntnisse nicht falsch. Und deswegen meine ich an dieser Stelle, müssen wir uns immer klar machen: Die Frage nach weiteren Erkenntnissen wird zu leicht dahingehend verstanden, daß wir nicht schon jetzt bereits genug Basis für jugendpolitisches Handeln hätten. Der Blick auf die übergreifenden Zusammenhänge — so wie dies eben angedeutet wurde — läßt mich die Frage für den Bereich der Jugendhilfe stellen, die wir in herkömmlicher Weise nicht mit Medienpädagogik in Verbindung bringen. Besteht hier jedoch nicht ein gewisser Widerspruch zu einer Medienpädagogik, die nie allein stehen sollte? In dem Moment aber, wo sie als Medienpädagogik zugeschnitten ist — wo sie beispielsweise zu der Aussage kommt, daß bis zum Alter von 8/9 Jahren die Konditionierung eines angemessenen Medienverhaltens abgeschlossen sein muß —, komme ich ziemlich zwingend dazu, Kindheit damit besetzen zu müssen. Während man im gleichen Moment Aspekte, wie z.B. die Erziehung zur Selbständigkeit, auch in anderen Gebieten erreichen könnte. Ich sehe es als eine Aufgabe, eine Konzeption, der Jugendhilfe an, diese Bezüge aufzudecken, um sie damit auch für eine Medienpädagogik fruchtbar zu machen.

Prof. Martin Furian:

Ja, es liegt ein Widerspruch darin, aber der Widerspruch ist eigentlich mehr ein politischer Widerspruch. Das heißt, in dem, was Sie eingangs gesagt haben, „jetzt führen wir das mal alles wieder auf die alten Probleme zurück", steckt eine enorme politische Gefahr, und gegen diese politische Gefahr muß man sehr, sehr sensibel sein. Das könnte nämlich sehr viel Handhabe geben, zu sagen: „Na ja gut, dann ist es ein allgemein pädagogisches Problem — dann lösen wir es auch allgemein pädagogisch und kümmern uns um die Medien nicht mehr". Das heißt, ich bin die Medienpädagogik los, und ich bin die ganze Frage der Medienpädagogik politisch los. Von daher denke ich — so sehr ich der Auffassung bin, daß diese Probleme medienpädagogisch nicht alleine in den Griff zu bekommen sind —, daß wir zumindest einmal den medienpädagogischen Schritt tun müssen, um zu größerer Sensibilisierung und vielleicht auch zur Teillösung von Problemen beizutragen. Zweitens sehe ich in der Medienentwicklung momentan nicht nur diese medienpädagogische Seite alleine, sondern auch die Sensibilisierung dafür, daß hier politische Wege beschritten worden sind, die im Endeffekt auf eine politische Entmündigung der Bürger hinauslaufen. Unter diesem Gesichtspunkt würde ich schon sagen, ich würde mich politisch anstelle der AGJ etwas schwerer tun, den allgemein pädagogischen Bereich in Stellungnahmen und Veröffentlichungen zu sehr herauszustellen, weil ich damit die Verhältnisse unverändert ließe und es politisch wieder ermöglichte, alles unter den Tisch zu kehren. Dies ist also eine Frage der politischen Taktik — nicht eine Frage der pädagogischen Relevanz.

Dr. Bernd Jürgen Müller:

Ich möchte, da sich die Tagung dem Schluß zuneigt, ein bißchen provozieren, ohne auch die Hoffnung zu hegen, daß man das überhaupt noch diskutieren könnte. Aber mir ist aufgefallen, daß gerade Herr Prof. Dr. Schleicher im Zusammenhang mit Neuen Medien gesagt hat: ,,Man kann nicht nur über Fernsehen reden, man muß z.B. auch Videospiele problematisieren." Gestern, zu Beginn dieses AGJ-GESPRÄCHES, erschien ein smarter junger Mann von der Deutschen Bundespost — in einem Maße innovativ, wie man es sonst bei Beamten nicht gewohnt ist. Dieser Herr führte einen ziemlich langen Vortrag, mit sehr erschlagenden Bildern — und da war ich genauso fasziniert wie die Kinder, die 20 Fernsehprogramme haben oder ihre 30 Videospiele. Dieses völlig Neue Medium wurde so hingenommen, als wenn wir hier alle interessierte Industriemanager wären, die ein neues System einkaufen wollten. Das wurde überhaupt nicht problematisiert. Meine provokante These lautet deshalb: Wer Btx als notwendig ansieht, der muß auch Video-Spiele mögen, der muß eigentlich für deren Einführung sein, weil festgestellt worden ist, daß alle Leute über 20 sich gar nicht mehr für diese neue Arbeitswelt eignen werden. Wenn man also seine Gehirnwindungen auf andere Dinge trainiert hat, kommt man gar nicht mehr in dieser Computerwelt zurecht. Und wer Video-Spiele akzeptiert und BtX als Notwendigkeit darstellt, der muß also auch u.U. Kabelfernsehen wollen. Wobei man in diesem Bereich immer noch den größten Spielraum hat. Ich kann zu Hause schon 6 Programme empfangen. Ich kann also ohnehin schon mit dem ,,Ding" umgehen. Die Kleinsten, die Dreijährigen, können das inzwischen schon. Dann ist es eigentlich schon eine relativ unbedeutende Frage, ob ich 6 oder 20 Programme verfügbar habe. Aber ich meine bei den Neuen Medien, nämlich einen Gesamtzusammenhang zu sehen, daß es sich da weniger um Bildungsfragen o.ä. handelt, sondern eigentlich um eine ganz zielgerichtete Entwicklung in unserer Gesellschaft. Und ich muß sagen, dieses BtX ist für mich eigentlich der tiefe Berührungspunkt dieser Tagung. 1984 steht nicht nur kalendermäßig vor uns.

Rudolf Schmidt:

Ich beziehe mich auf die Aussage von Frau Dr. Glöckler, die gesagt hat: ,,Bewegungserziehung fördert die Intelligenz." Das nehme ich gleichzeitig an als Aufforderung an die Träger der Jugendhilfe, auf allen Ebenen zu versuchen, Eltern und Kinder außerhalb von Kindergärten und Schulen anzuleiten, um gemeinsame Aktivitäten durchzuführen. Es gibt ja vom Turnen für Mutter und Kind über Basteln und Spielnachmittage Vielfältiges. Ich glaube, das wäre einerseits der Intelligenzförderung zuträglich, andererseits würde es gleichzeitig Zeit zum Medienkonsum wegnehmen, und das wäre gerade für die Altersgruppe, die wir hier angesprochen haben und die in besonderer Weise ja auch Schädigungen erfahren kann, etwas Positives.

Dr. Jürgen Rolle:

Mein Beitrag schließt sich direkt dort an, und zwar haben wir hier etwas von der Ersatzfunktion der Medien gehört. Prof. Dr. Schleicher hat gesagt: ,,Wenn ich meinen Kindern zur Verfügung gestanden habe, haben sie sich nichts fürs Fernsehen interessiert oder weniger fürs Fernsehen interessiert", und wenn wir nun über den sinnvollen Umgang von Kindern mit Medien nachdenken, dann akzeptieren wir uneingestanden Medien als unseren Ersatz. Wir akzeptieren Medien als Ersatz für Eltern und als Ersatz von Realität. Es geht im Grunde genommen nur darum: Wie können wir den Ersatz für uns als Eltern, den Ersatz für menschliche Zuwendung für die Kinder, so ungefährlich wie möglich machen? Was mir einfach ein Stück fehlt, klang bei Herrn Schmidt gerade an: Wir diskutieren überhaupt nicht darüber, warum wir uns ersetzen lassen, und wir diskutieren überhaupt nicht über diese ungeheuerliche Selbstverständlichkeit.

Adolf Nadrowski:

Ja, lassen Sie mich vielleicht noch mal als Techniker einige Anmerkungen zu dieser ganzen Diskussion am heutigen Tage sagen. Überschrieben war das Ganze mit ,,Neue Medien''. Betont wurde, daß die Diskussion immer — vor allen Dingen der Pädagogik — wohl weit hinter den tatsächlichen Vorgängen hinterhinkt. Wenn ich das insgesamt betrachte, läuft es darauf hinaus, daß heute am ganzen Tag die Diskussion um und über die Folgen des Fernsehens, und zwar als herkömmliches Medium, gelaufen ist. Das, was aber vollkommen weggefallen ist, klang glücklicherweise gerade noch einmal an: Wir haben nicht nur das herkömmliche Fernsehen, das also seit 30 Jahren zur Verfügung steht, das seit 20 Jahren intensiv genutzt wird. Dessen Folgen hätten eigentlich schon längst in Angriff genommen werden können. Tatsache ist doch, daß mit den Neuen Medien oder mit einem alten Medium, nämlich mit der Verbreitung des Fernsehens über Kabel, zusätzliche Nutzungsmöglichkeiten, zusätzliche Kanäle ins Haus stehen und die Industrie zum Teil daran interessiert ist — und das natürlich nicht aus leeren Grundsätzen, sondern ganz logischerweise aus wirtschaftlichen Interessen. Zu wirtschaftlichen Interessen gehört natürlich auch eine Vermarktung, und für die Vermarktung muß man gleichzeitig fragen: ,,Wie kann ich ansetzen, auch bei den Zuschauern, um vermarkten zu können?'' Also diese ganzen Punkte, die hier mit hereingehören, sind ein bißchen untergegangen. Ich möchte sie vielleicht bloß noch mal als Gedankenanstoß nachschieben. Ich halte es nämlich sonst für eine Diskussion, die wieder hinter der Zeit hinterherhinken wird, denn bis ein Konsens gefunden worden ist, wie man vorgehen will, sind die anderen Dinge schon längst eingeführt. Es gibt die herkömmlichen Medien, die den Bedürfnissen, die hier artikuliert worden sind, entgegenstehen, und nun haben wir noch weitere, so daß die Diskussion also wieder mal ein paar Jahre zu spät kommt.

Dr. Michaela Glöckler:

Ich sehe dieses Motiv der hinterherhinkenden Pädagogik nicht so schwarz, denn man kommt *in dem* Moment zu einer vorausdenkenden Pädagogik, wo man so vorgeht, wie ich das eingangs versucht habe. Es ist mir ein ganz großes Anliegen, zu einer prospektiven, echten präventiven Medizin zu kommen und eben auch entsprechend pädagogische Maßnahmen zu ergreifen, die für die Zukunft sinnvoll sind und nicht nur eine Vergangenheits- oder Gegenwartsbewältigung darstellen. Und man kommt zu einer solchen Pädagogik, wenn man gute Fragen stellt. Z.B.: ,,Wie wirkt es?'' Und da kann man sich als Erwachsener auf sein selbständiges Urteil verlassen, indem man einfach für sich selber prüft, welche Eindrücke die Dinge auf einen selber machen, und sich dann fragt: ,,Wird das, was ich hier erlebe im Umgang mit diesem neuen Artikel, der Entwicklungssituation,

115

in der sich mein Kind jetzt befindet, gerecht?" Auf diesem Weg kommt man zu einer vorauslaufenden Pädagogik, und dazu möchte ich sehr ermuntern.

Prof. Martin Furian:

Die Pädagogik hinkt natürlich hinterher, denn sie wußte schon seit Jahren, wie sie dieses Problem zumindest medienpädagogisch und auch umweltpädagogisch angehen kann. Aber Sie wissen, daß die Weichen so gestellt sind, daß hier tatsächlich der Rahmen nicht eröffnet worden ist. Insofern sehe ich darin schon ein Problem, und zwar vor allen Dingen den in den letzten Beiträgen immer wieder beschworenen Gesamtzusammenhang der Neuen Medien, denn dieser Gesamtzusammenhang ist auch ein finanzieller Gesamtzusammenhang. Darüber müßte man sich klar sein. Die Industrie vertritt nicht deswegen so vehement neue Fernsehprogramme, weil sie davon überzeugt wäre, daß es gut ist, sondern sie vertritt sie deswegen, weil dadurch die Kabel finanziert werden, die sie eigentlich für ganz andere Kommunikationszwecke benötigt. Und da zeigt sich dieser Zusammenhang in einer ganz schlimmen Art und Weise, wobei man bewußt die negativen Entwicklungen in Kauf nimmt, die man heute aus Gründen der Finanzierung kennt, weil man sonst eben die Sache überhaupt nicht finanzieren könnte, die man haben will. Dazu kommt natürlich, daß die Leute von der Post immer sehr smart sind und immer gut verkaufen, was gerade in einem bestimmten Publikum besonders wirksam ist. Daß diese Neuen Medien dann auch wieder Fernsehprobleme aufwerfen, daß die Arbeitslosigkeit — wie die Siemens-Studie etwa deutlich gemacht hat — nach Ausbau dieser neuen industriellen Kommunikationstechniken wahnsinnig ansteigen wird und dadurch wiederum medienpädagogische Probleme zusätzlicher Art auf uns zukommen, wird dann in manchen Kreisen nicht mehr formuliert, weil es Aggressionen auslösen könnte.

Prof. Dr. Klaus Schleicher:

Ich möchte bei drei Dingen doch etwas zur Skepsis mahnen. Hier wurde leider in wiederholter Form Irreführung durch die Medien unterstellt, die gar nicht denkbar ist, weil die Technologie vor der Absicht da war. Das weise ich zurück.
Das Zweite ist: Der Zusammenhang zwischen BtX und Video-Spielen ist kein zwangsläufiger oder sogar absichtlich herbeigeführter, sondern es liegt auf verschiedenen Ebenen, die nicht miteinander identisch sind. Und das Dritte ist, was Herr Prof. Furian sagte: „Die Industrie nimmt die Folgen bewußt in Kauf." Sie unterstellen damit den Leuten eine Zukunftsperspektive mit sozialen Implikationen, die sie überhaupt nicht haben. Ich würde deshalb an dieser Stelle ein bißchen vorsichtiger sein, damit wir nicht in eine Verteufelung des anderen kommen mit kurzschlüssigen Argumenten.
Was mir wesentlicher ist, ist, daß man die Entwicklung, in der wir stehen, noch langfristiger ansieht, als einige es ankündigen. Wo wir heute stehen, da können wir eigentlich anfangen.
Ein Faktor, mit dem man sich z.B. auseinandersetzen müßte, ist eine kritische Analyse der Empirie, weil die Technologie der Empirie gerade zu den ökologischen Schäden geführt haben, in denen wir gegenwärtig stehen. Die wenden wir jetzt auf Humanwissenschaften an mit teilweise denselben verkürzten Verfahren. Dabei sind es ganz wesentliche, weiterreichende Prozesse nach meiner Meinung. Z.B. sei dazu nur noch einmal der Satz ins Bewußtsein gerückt: Empirisch

kann ich Phänomene bei Menschen prüfen, die Wirkungen von Medien zeigen. Die Erlebnisqualität der Menschen in Verbindung mit den Medien kann ich überhaupt nicht zeigen. Da hilft auch keine Empirie weiter. Das war ein wesentlicher Punkt; ein zweiter vielleicht: Wir bekämpfen alle bzw. wehren uns gegen die Entfremdung des Menschen durch Arbeit. Man müßte mal fragen: „Ist nicht die Entfremdung durch Medien größer als die Entfremdung durch Arbeit?" Dritter Punkt: Wenn Medienpädagogik eine Berechtigung hat, brauchen wir dann nicht auch eine Medienmedizin? Wäre das sinnvoll? Ich möchte das nur mal als Problemandeutung geben. Viertens: Kennen wir eigentlich die vielfältig brauchbaren Hilfen und Anregungen, die es zur Auseinandersetzung mit Medien gibt, z.B. die Herstellung medienkritischer Sendungen in den Medien? Wäre es nicht verdienstvoll, wenn die AGJ einige brauchbare Arbeitsmaterialien zusammenstellen und hinterher an unser Resümee heften würde? Letzter Punkt, um den es mir eigentlich geht, ist: Wenn wir das Bewußtsein haben, daß Medien Werkzeuge sind — das Auto wie das Kabel — und daß unser persönliches Leben immer nur dort sinnvoll ist, wo wir ihm einen Sinn zu geben vermögen, dann haben wir auch die Herrschaft über die Medien.

Dr. Dietrich Unger:

Ausblick

Meine sehr verehrten Damen und Herren,
ich möchte auf eine abschließende Zusammenfassung der Inhalte des AGJ-GESPRÄCHES verzichten. Die Moderatoren haben jeweils Teilrückblicke und verbindende Überleitungen nach Referat und Diskussion geboten. Ich könnte daraus nur einen Extrakt formulieren, der dann aber einen uns kaum weiterführenden Abstraktionsgrad haben würde. Ich möchte ein Resümee anderer Art versuchen. Prof. Dr. Schleicher hat gestern eine Frage gestellt, die ich in eine Aussage umformulieren möchte. Er hat gesagt: ,,Wir haben die Technologie geschaffen, die soft-ware entwickelt, den Benutzer gefunden und dann schließlich, ich setze dazwischen in Parenthese (bestürzt begonnen), die sozialen Konsequenzen zu untersuchen." Diese Aussage erlaube ich mir fortzusetzen: Jetzt merken wir, daß wir mit der Erforschung sozialer Probleme sehr spät — wahrscheinlich zu spät — kommen, daß wieder einmal angeblich unvermeidbare technische und wirtschaftliche Zwänge fast jeden Entscheidungs- und Handlungsraum genommen haben. Was tun wir? Wir rufen wieder einmal nach ordnungspolitischen Regelungen, nach dem Juristen als vermeintlichem Retter. Es ist heute warnend gesagt worden: ,,Erwarten Sie bitte die Rettung dieser Gesellschaft nicht vom Pädagogen." Es drängt mich, zu ergänzen: ,,Aber bitte auch nicht vom Juristen." Prof. Dr. Schleicher hat gestern an die Vertreter von Post und Fernsehen die Frage gestellt, wie lange die technische Entwicklung der Neuen Medien der wissenschaftlichen Forschung über soziale Folgen eigentlich noch zeitlich voraus ist. Die Antwort läßt sich zumindest von zweierlei Standorten aus geben. Erstens: Vom Stand der derzeitigen technischen und wirtschaftlichen Entwicklung im Medienbereich. Und dann lautet die Antwort: ,,Wir haben keine Zeit mehr, wir haben die Zeit verpaßt." Zweitens: Von einem grundsätzlicheren, unser Thema übersteigenden Standort. Und dann müßte die Antwort lauten: ,,Wir verpassen die Zeit immer." Ich will verdeutlichen, was ich mit dieser sehr verkürzten Aussage meine. Wir haben eine Eigenart! Handelt es sich dabei um eine allgemein menschliche, bewußt oder unbewußt, beabsichtigt oder unbeabsichtigt, wie Sie z.B. vorhin gesagt haben, oder gar um eine typisch deutsche? Ich will darüber nicht spekulieren. Wir haben auf jeden Fall eine Eigenart, die man als Daten-oder Faktenfetischismus bezeichnen kann. Wir häufen Daten und Fakten aufeinander, erteilen Forschungsauftrag auf Forschungsauftrag und schieben — ich frage wieder vorsichtig in Klammern (mit Absicht?) — politische Entscheidungen immer weiter hinaus. Wir streben nach einem Datenmaximum, das, weil nicht definierbar, nie erreicht wird, statt uns mit einem zu definierenden Datenoptimum zufrieden zu geben und politisch rechtzeitig handlungsfähig zu sein. Unser fahrlässiger Umgang mit den ständig zunehmenden Umweltbelastungen ist für das, was ich gerade gesagt habe, nur ein Beispiel. Das Fazit: Entweder untersuchen wir zu viel, wie eben ausgeführt, oder fangen zu spät an, wie an dem Beispiel von Forschung sozialer Folgen in diesen zwei Tagen deutlich wurde. Das, was ich gesagt habe, ist zugegebenermaßen eine sehr pessimistische Betrachtung. Sie gibt aber nicht etwa nur meine persönliche Einschätzung, son-

dern eine Grundstimmung vieler Referate oder Beiträge in diesen beiden Tagen, die wir hier zusammen miteinander diskutiert haben, wieder. Wenn ich mein Schlußwort dann doch nicht nur in Resignation enden lasse, dann deswegen, weil „nichts versuchen" und „nichts tun" überhaupt keine Chance gibt, „etwas versuchen" und „etwas tun" wenigstens eine schwache Aussicht auf Veränderung von Entwicklungen bietet, die wir allgemein für gefährlich halten. In meinen einleitenden Worten gestern habe ich als eine Begründung für das AGJ-GESPRÄCH als neuer Form der Auseinandersetzung die Notwendigkeit genannt, daß Jugendhilfe sich aus ihrer oft selbstverschuldeten Isolation löst und verstärkt sich mit Fragen und Problemen auch aus anderen gesellschaftlichen Bereichen zu beschäftigen beginnt. Der Vorstand der AGJ wird über Inhalte, Ablauf und Ergebnis dieses ersten AGJ-GESPRÄCHES noch zu diskutieren haben. Ohne seiner Einschätzung vorzugreifen, bin ich mir sicher, daß diese neue Kommunikationsform zum festen Veranstaltungsbestand unserer Arbeitsgemeinschaft gehören wird. Diese Form der Auseinandersetzung bietet fachliche Information, Begegnung von Forschung, Politik und Praxis, größere Wachheit gegenüber aktuellen und auch zu erwartenden Problemlagen. Sie trägt dazu bei, der in der AGJ vereinigten Jugendhilfe mehr Gewicht gegenüber der Fachöffentlichkeit und mehr Gewicht gegenüber der Politik zu geben. Vielleicht gelingt es uns, auf diese Weise in Zukunft rechtzeitiger auf voraussehbare Entwicklungen zu reagieren oder sogar hier und da — und ich drücke mich sehr bescheiden aus — aus dem Stadium bloßen Reagierens herauszutreten und Entwicklungen, die Jugendhilfe betreffen, aktiv mitzugestalten.

Was machen wir nun mit den Aussagen und Erkenntnissen dieses ersten AGJ-GESPRÄCHES? Zunächst werden wir diese Tagung selbstverständlich dokumentieren. Dann werden wir eine ganze Reihe von Fragen in der Ausschußarbeit aufgreifen und vertiefen müssen, um sie vielleicht zu einer neuen — ich greife Ihre Anregung auf — Anschlußtagung aufzubereiten. Schließlich müssen wir uns mit den von verschiedenen Referenten und Diskussionsrednern aufgestellten Forderungen an die Jugendhilfe auseinandersetzen, sie aus ihrer juristischen, politischen, medizinischen und pädagogischen Isolierung herauslösen.

ANHANG

Tagungsprogramm

Dienstag, 6. 12. 1983

10.00 Uhr Begrüßung
Dr. Dietrich Unger
Vorsitzender der AGJ

10.15 Uhr Einführung in die Veranstaltungsthematik
Dr. Reinald Eichholz
Vorsitzender der AGJ-Kommission „Neue Medien"

10.30 Uhr Neue Medien — Faszination einer neuen Technologie
— Bestandsaufnahme und Prognosen —
Dr. Hendrik Schmidt
Gemeinschaftswerk der Evangelischen Publizistik e.V.
Dr. Bernward Frank
Zweites Deutsches Fernsehen

11.00 Uhr Vorführung und Information zum Stand der neuen Kommunikationssysteme
Volkmar Doil
Fernmeldeamt Bonn

Gesprächsleitung: Dr. Dietrich Unger, AGJ

12.30 Uhr Pause/Mittagessen

14.00 Uhr Mediennutzung — Medienwirkung
— Ergebnisse der Medienforschung am Beispiel Fernsehen —
Dr. Bernward Frank
Zweites Deutsches Fernsehen

14.30 Uhr Rechtliche Regelungen angesichts problematischer Wirkungen
— Möglichkeiten und Grenzen —
Prof. Dr. Bernd Peter Lange
Universität Osnabrück
Prof. Dr. Hans D. Jarass
Ruhruniversität Bochum

Gesprächsleitung: Dr. Reinald Eichholz

17.00 Uhr Pause/Abendessen

19.30 Uhr Abendgespräch
Die Gestaltung der neuen Medienlandschaft
— Fragen an die politische Verantwortlichkeit des Gesetzgebers —
Austausch mit Vertretern der im Bundestag vertretenen Parteien

Mittwoch, 7. 12. 1983

9.15 Uhr Kinder und Jugendliche vor dem Bildschirm
— Hilfen zum Umgang mit dem Medium —
Prof. Martin Furian
Fachhochschule für Sozialpädagogik Esslingen

11.00 Uhr Kinderprogramme — Kindgerechtes Fernsehen?
— Medienerziehung durch das Fernsehen —
Prof. Dr. Klaus Schleicher
Universität Hamburg

Gesprächsleitung: Sven Borsche

12.30 Uhr Pause/Mittagessen

14.00 Uhr Neue Medien — Neue Pädagogik?
— Thesen über eine „andere" pädagogische Praxis —
Dr. Michaela Glöckler
Bochum
Prof. Dr. Klaus Schleicher
Universität Hamburg

16.00 Uhr Ausblick
Dr. Dietrich Unger
Vorsitzender der AGJ

Gesprächsleitung: Sven Borsche

Teilnehmer des 1. AGJ-Gesprächs „Jugend und Neue Medien — Hilfe vor dem Bildschirm?"

am 6./7. 12. 1983 im Wissenschaftszentrum, Bonn

Edgar Baumann, Internationale Jugendgemeinschaftsdienste, Bonn
Sven Borsche, Arbeiterwohlfahrt, Bundesverband, Bonn/AGJ-Kommission „Neue Medien"
Roland Breme, Bundesarbeitsgemeinschaft Clubs der Behinderten und ihrer Freunde, Mainz
Rudi Briel, Deutscher Caritasverband e.V., Freiburg
Johannes Bunk, Progressiver Eltern- und Erzieherverband e.V., Gelsenkirchen
Klaus Busch, Bundesministerium für das Post- und Fernmeldewesen, Bonn
Rüdiger Cartens, Deutsche Landjugend, Rendsburg
Hermann Dettbarn, Landesjugendamt Hessen, Wiesbaden
Volkmar Doil, Deutsche Bundespost, Bonn
Dr. Reinald Eichholz, Ministerium für Arbeit, Gesundheit und Soziales, NW, Düsseldorf/AGJ-Kommission „Neue Medien"
Dr. Otto Emrich, Bundesarbeitsgemeinschaft — Jugendaufbauwerk, Bonn
Dorothee Engelhard, Bund-Länder-Kommission für Bildungsplanung und Forschungsförderung, Bonn
Dr. Anneliese Fechner-Mahn, Tübingen
Dr. Bernward Frank, Zweites Deutsches Fernsehen, Mainz
Prof. Martin Furian, Fachhochschule für Sozialpädagogik, Esslingen
Wilhelm Gerwig, Diakonisches Werk, Stuttgart
Dr. Michaela Glöckler, Bochum
Dieter Greese, Jugendamt, Köln
Dr. Anton Greib, Bundesministerium für Jugend, Familie und Gesundheit, Bonn
Prof. Dr. Winfried Hofmann, Kath. Fachhochschule, Paderborn
Wolfgang Hötzel, Ministerium für Soziales, Gesundheit und Umwelt, Rheinland-Pfalz, Mainz
Jörg Reiner Hoppe, Deutscher Verein für öffentliche und private Fürsorge, Frankfurt
Prof. Dr. Hans Jarass, Ruhruniversität, Bochum
Hermann Kinzel, Deutsche Jugend in Europa — DJO, Hagen
Fridolin Kreckl, Staatsministerium für Arbeit und Sozialordnung, Bayern
Prof. Dr. Bernd Peter Lange, Universität Osnabrück
Josef Linsmeier, Christlich-Demokratische Union/Christlich-Soziale Union, Bonn
Dr. Rudolf Mayer, Deutsches Jugendinstitut, München
Elfriede Melsbach, Deutsche Bundespost, Bonn
Dr. Bernd Jürgen Müller, Ministerium für Arbeit, Gesundheit und Soziales, NW, Düsseldorf
Adolf Nadrowski, Christlich-demokratische Postgewerkschaft, Marl
Karin Potthoff, Deutsches Rotes Kreuz e.V., Bonn

Christa Preissing, Fortbildungsinstitut für die pädagogische Praxis, Berlin
Klaus Rauschert, Kultusministerium Niedersachsen, Hannover
Walter Reinehr, Landesjugendamt Württemberg-Hohenzollern, Stuttgart
Helene Reemann, AGJ-Geschäftsstelle, Bonn
Christa Reetz, Die Grünen, Bonn
Adolf Richter-Meyer, Fortbildungsinstitut für die pädagogische Praxis, Berlin
Dr. Jürgen Rolle, Sozialpädagogisches Institut, Köln
Klaus Schäfer, AGJ-Geschäftsstelle, Bonn
Prof. Dr. Klaus Schleicher, Universität Hamburg
Dr. Hans Schmerkotte, Sozialpädagogisches Institut, Köln
Dr. Hendrik Schmidt, Gemeinschaftswerk der Evangelischen Publizistik e.V.
Rudolf Schmidt, Deutsche Sportjugend, Frankfurt/AGJ-Kommission „Neue Medien"
Klaus Schneider, Bundesvereinigung der Deutschen Arbeitgeberverbände, Köln
Regina Schumacher-Goldner, Progressiver Eltern- und Erzieherverband, Gelsenkirchen
Gisela Steffens, Bundesministerium für Bildung und Wissenschaft, Bonn
Manfred Stoffers, Kath. Landesarbeitsgemeinschaft Jugendschutz, NW, Münster
Dr. Dietrich Unger, Deutsches Rotes Kreuz e.V., Bonn/Vorsitzender der AGJ
Christine Volkinsfeld, Deutsche Landjugend, Bonn
Prof. Peter Weiß, Fachhochschule für Sozialarbeit und Sozialpädagogik Berlin
Jochen Wilhelm, Deutscher Paritätischer Wohlfahrtsverband e.V., Frankfurt

Verzeichnis wesentlicher Abkürzungen im Kontext „Neue Informations- und Kommunikationstechniken"*

ARD	Arbeitsgemeinschaft der öffentlich-rechtlichen Rundfunkanstalten der Bundesrepublik Deutschland
AV-Medien	Audiovisuelle Medien (Informationsvermittlung durch Wort und Bild)
BDSG	Gesetz zum Schutz vor Mißbrauch personenbezogener Daten bei der Datenverarbeitung (Bundes-Datenschutzgesetz)
BIGFERN	Breitbandiges integriertes Glasfaserfernnetz
BIGFON	Breitbandiges integriertes Glasfaser-Fernmeldeortsnetz
bit	Binary digit (Kleinstes Informationselement)
bit/s	Maßzahl für die Übertragungskapazität von Leistungen in Sekunden
BK-Netz	Breitbandkommunikationsnetz
Btx	Bildschirmtext
CCD	Charge Coupled Devices (Hochauflösende Halbleitersensoren)
CCIR	Comité Consultativ International des Radiocommunications (Internationaler beratender Ausschuß für das Funkwesen)
CCITT	Comité Consultativ International Télégraphique et Téléphonique (Internationaler beratender Ausschuß für den Telegraphen- und Telefondienst)
CED	Bildplattenspielersystem
CEPT	Conférence Européenne des Administration de Postes et de Télécommunications (Konferenz der europäischen Post- und Fernmeldeverwaltungen)
CUU	Computerunterstützter Unterricht
Datel-Dienste	Date Telecommunication Service (Sammelbegriff für Datendienste, bei denen Daten auf Fernmeldewegen übermittelt werden)
Datex	Data Exchange Service (Dienste zur Übermittlung von Daten)
Datex-L	Datexnetz mit Leitungsvermittlung
Datex-P	Datexnetz mit Paketvermittlung
DETECON	Deutsche Telepost Consulting GmbH (Beteiligungsgesellschaft der DBP)
DFS	Deutscher Fernmeldesatellit
DIV-F	Digitale Vermittlungstechnik im Fernnetz
DIV-O	Digitale Vermittlungstechnik im Ortsnetz
DNC	Direct Numerical-Control (Direkt numerisch gesteuerte Maschinen)
DV	Datenverarbeitung
DVA	Datenverarbeitungsanlage
EA	Einzelantennenanlage
ECS	European communications satellite (Europäisches Fernmeldesatellitensystem)

EDV	Elektronische Datenverarbeitung
EKM	Expertenkommission Neue Medien Baden-Württemberg
ESA	Europäische Weltraumbehörde
EURONET	Informationssystem für den internationalen Datenverkehr
FAG	Fernmeldeanlagengesetz
FDMA	Zugriffsverfahren im Frequenzmultiplex
FGV	Fernmeldegebührenvorschriften
FO	Fernmeldeordnung
FTZ	Fernmeldetechnisches Zentralamt der Deutschen Bundespost
GA	Gemeinschaftsantennenanlage
GGA	Großgemeinschaftsantennenanlage
1 GHz	1 000 000 000 Schwingungen/s
HiFi	High-Fidelity (Gütebezeichnung für hohe Wiedergabetreue bei Schallplatten und elektro-akustischen Geräten)
HDTV	Hochauflösendes Fernsehen
HHI	Heinrich-Hertz-Institut für Nachrichtentechnik
Hz	Maßeinheit der Schwingungen einer elektrischen Größe
1 Hz	1 Schwingung/s
IC	Integrated Circuit (Integrierter Schaltkreis)
IDN	Integriertes Datennetz
IFRB	International Frequency Registration Board (Internationaler Ausschuß für Frequenzregistrierung)
IFV	Internationaler Fernmeldevertrag
INMARSAT	International Maritime Satellite Organisation
INTELSAT	Internationale Fernmeldesatelliten-Organisation/Satellitenprojekte der Organisation
ISDN	Integrated Services Digital Network (Schmalbandiges dienstintegriertes Digitalnetz)
ISO	International Standard Organisation (Internationale Organisation für Normung)
ITU	International Telecommunication Union (Internationale Fernmelde-Union)
IuK-Technik	Informations- und Kommunikationstechnik
IVW	Informationsgemeinschaft zur Feststellung der Verbreitung von Werbeträgern
K-Anlagen	Kommunikationsanlagen
KEF	Kommission zur Erfassung des Finanzbedarfs der Rundfunkanstalten
1 KHz	1000 Schwingungen/s
Koax	Koaxialkabel
KtK	Kommission für den Ausbau des technischen Kommunikationssystems
KTV	Kabelfernsehanlagen
L-SAT	Large Satellite (Projekt der ESA)
1 MHz	1 000 000 Schwingungen/s
MITI	Ministry of international trade and industry (Japanisches Wirtschaftsministerium)
MODEM	Modulator und Demodulator (Anpassung der Daten an das Über-

	tragungsnetz zwecks Übermittlung und anschließender Dekodierung auf der Empfangsseite)
NC	Numerical-Control (Numerisch gesteuerte Maschinen)
NIP	Non-Impact-Printing (berührungsloses Drucken)
on-line	Verarbeitung von Daten in Abhängigkeit von der Datenverarbeitungsanlage
OTS	Orbital Test Satellite (Europäischer Versuchssatellit)
PAL	Phase Alternation Line (Farbfernsehverfahren)
Pay-TV	Fernsehprogrammangebot, das gegen die Zahlung einer bestimmten Gebühr gezielt abgerufen werden kann
s/w-Gerät	Schwarzweißgerät
SBS	Satellite-Business-System
SECAM	Systeme en couleur avec memoire (Farbfernsehverfahren)
TDF	Télédiffussion de France (Bezeichnung des französischen Rundfunksatelliten)
TDMA	Zugriffsverfahren im Zeitmultiplex
TELECON	Satellitenprojekte der französischen PTT
Telefax	Fernkopieren (Faksimileübertragung)
TV	Television (Fernsehen)
TV-SAT	Bezeichnung des deutschen Rundfunksatelliten
UHF	Ultra high frequencies (Frequenzbereich)
UIT	Union Internationale Télécommunication (Internationale Fernmeldeunion)
UKW	Ultrakurzwelle
VAN	Value Added Networks (Netze für spezielle Anwendungen)
VBD	Vielteilnehmer-Breitband-Dialogsystem
VHF	Very High Frequencies (Frequenzbereich)
VLSI	Very Large Scale Integration (Hochintegrierte Schaltungen)
WARC 77	Funkverwaltungskonferenz 1977
ZDF	Zweites Deutsches Fernsehen

*Auszugsweise entnommen dem Zwischenbericht der Enquêtekommission „Neue Informations- und Kommunikationstechniken", Bundestagsdrucksache 9/2242 vom 28. 3. 1983.

Weitere Abkürzungen

FRAG	Freie Rundfunk AG
PKS	Projektgesellschaft für Kabel- und Satellitenrundfunk GmbH
SEL	Standard Elektro Lorenz